ALL ABOUT IELTS 실전문제집 2

[SPEAKING]

ALL ABOUT IELTS 실전문제집 2
[SPEAKING]

저 자 이수영, Liam Heppleston
발행인 고본화
발 행 반석출판사
2018년 5월 15일 초판 7쇄 인쇄
2018년 5월 20일 초판 7쇄 발행
반석출판사 www.bansok.co.kr
이메일 bansok@bansok.co.kr
블로그 blog.naver.com/bansokbooks

07547 서울시 강서구 양천로 583. B 동 1007호
(서울시 강서구 염창동 240-21번지 우림블루나인 비즈니스센터 B동 1007호)
대표전화 02) 2093-3399 **팩 스** 02) 2093-3393
출 판 부 02) 2093-3395 **영업부** 02) 2093-3396
등록번호 제315-2008-000033호

ISBN 978-89-7172-497-2 (13740)

- 교재 관련 문의 : bansok@bansok.co.kr을 이용해 주시기 바랍니다.
- 이 책에 게재된 내용의 일부 또는 전체를 무단으로 복제 및 발췌하는 것을 금합니다.
- 파본 및 잘못된 제품은 구입처에서 교환해 드립니다.

ALL ABOUT IELTS 실전문제집 2

●

[SPEAKING]

머리말

IELTS가 국내 영어시장에 본격적으로 소개되면서 객관적이고 실용적인 영어시험으로 평가받고 있습니다. 이러한 시점에서 실전문제집에 대한 필요성을 절감하고 이 책을 출간하게 되었습니다. 스피킹 섹션을 단기간에 정복하기가 쉽지 않지만 출제 예상 질문과 답변을 미리 공부한다면 좋은 결과를 기대할 수 있습니다. 그리고 IELTS는 여타 시험과는 형식이 판이하게 다르므로 시험에 대한 사전 정보 역시 중요합니다. 하지만 시중에 나와 있는 대부분의 원서들은 기본적이고 필수적인 시험 노하우를 충분하게 제공하지 못하는 듯합니다.

이 책은 시험을 앞두고 실제 상황과 동일한 조건에서 자신의 실력을 평가하기에 적합한 교재입니다. 또한 수험생에게 문제 접근방법과 과정을 알기 쉽게 보여주고 있습니다. 이 곳 뉴질랜드에서 현지 작가이자 강사인 Liam과 함께 영어가 비모국어인 학생들을 대상으로 면밀하게 연구, 개발된 책입니다. 학생들의 기본적인 스피킹을 향상시키기 위한 노하우와 브레인스토밍을 통해 자신의 의견을 정리할 때 필요한 6하 원칙전략 (5W+1H+ETC)과 기술들을 설명하였습니다. 실전문제집의 특성을 최대한 살리면서 동시에 문제를 푸는 방법과 스피킹 스킬을 자세하게 소개하기 때문에 최종 마무리용뿐 아니라 이론서로도 손색이 없습니다. 모쪼록 이 책이 IELTS를 준비하는 분들에게 도움이 되고 지침이 되는 책으로 자리매김 되기를 바랍니다.

이 책의 제작을 위해 조언과 수고를 아끼지 않으신 코스개발 매니저(Director of Study) 김정원 선생님께 감사드리며, 항상 저의 중심이 되는 우리 가족 − 점차 성년이 되어가는 재혁이와 영현이 그리고 나의 동반자인 노범 씨에게 모든 사랑과 감사를 전합니다.

저자 이수영

차례

이 책의 특징 및 활용법

최신 출제경향과 실제 난이도를 반영한
최적의 실전 마무리 문제집!!!

본 책은 IELTS 스피킹 10회분의 문제와 해설을 수록한 최종 마무리 테스트용 교재이다. 각 1회분은 파트 1(5~6 Questions), 파트 2(1 Task Card), 파트 3(5~6 Questions)로 구성되었고, 실제 시험과 비슷한 최신의 출제경향과 문제형태를 반영했다. 특히, 파트별로 실제 시험에 출제되었던 질문을 응용하여 만들었기 때문에 실전감각을 익히는 데 많은 도움이 된다. 독자 스스로 실제 고사장과 비슷한 환경을 만들어 문제를 풀어보도록 하자.

영어가 모국어인 사람들에게도 면접관과 1대 1로 진행되는 인터뷰는 수월한 일이 아니다. 더군다나 영어가 비모국어인 수험생들에게는 상당한 노력과 연습이 필요하다. 하지만 사전에 각 파트별 예상 질문과 모범 답변을 충분하게 숙지한다면 자신이 원하는 점수를 효과적으로 획득할 것이다. 단계적이면서도 체계적인 훈련만이 스피킹을 정복하는 지름길임을 인식하고 이 책을 통해 문제의 접근방법과 스킬을 습득해보자.

PART 1 INTRODUCTION

Chapter 1 Speaking Overview
스피킹 시험의 평가기준 및 방법, 시험 치르는 요령과 전략, 평소 공부방법에 대한 내용을 실었다. 실제 시험을 치른 학생들의 경험담을 바탕으로 내용을 구성했기 때문에 생생한 현장감을 전해준다.

Chapter 2 Speaking Strategy

Part 1
성장과정에 관한 질문(고향, 거주지, 국적), 학업에 관한 질문, 직업과 취미에 관한 질문, 대화를 시작할 때 쓰이는 표현 등을 정리했다.

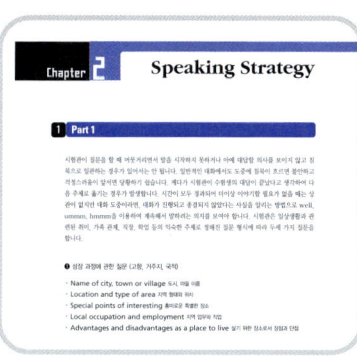

Part 2

〈6하 원칙 도표 만들기〉에 따라 조리 있게 말하는 연습을 할 수 있게 꾸몄다.

Part 3

자신의 의견은 주로 [주장제시 – 주장이유 – 주장예문] 등으로 전개되는 데 이에 필요한 사항을 설명하고 있다.

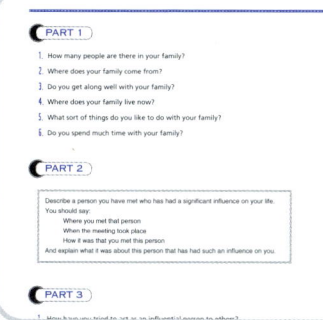

PART 2 PRACTICE TEST

스피킹 실전 테스트 10회분이 실려 있으며, 각각의 모든 파트별로 자신의 답안을 정리할 수 있게 공란을 제공하고 있으며, 특히 파트 2는 〈6하 원칙 도표〉를 만들어 볼 수 있게 꾸몄다. 각 회분별 출제문제 수와 주제는 다음과 같다.

구분	출제 문제 수	주제	비고
Part 1	5~6개	가족, 학업, 거주, 취미 등	
Part 2	1 Task Card	기억나는(영향을 끼친) 인물, 직업, 기념일, 거주지 등	
Part 3	5~6개	존경하는 인물, 미래(학업) 계획, 사회문제, 교통문제 등	

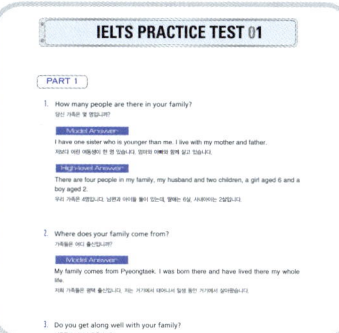

PART 3 정답 및 해설

실제 시험에서는 본서에 제시된 모범 답안대로 대답할 수는 없겠지만 최소한의 가이드라인을 제시하기 때문에 많은 도움이 될 것이다. 예상 질문에 따른 대답은 2가지 타입(MA; Model Answer / HLA; High Level Answer)으로 구분했다. 고득점을 바라는 수험생들은 HLA타입으로 공부하기 바라며, 시간이 촉박한 수험생들은 MA타입으로 공부하는 게 효과적이다.

ALL ABOUT IELTS [SPEAKING]

PART 1

INTRODUCTION

Chapter 1

Speaking Overview

1 IELTS 스피킹 테스트란?

스피킹 테스트는 제너럴 모듈(General Module)과 아카데믹 모듈(Academic Module)이 동일합니다. 이 테스트는 UCLES(University of Cambridge Local Examinations Syndicate; 캠브리지대학교의 부설기관)에서 임명된 시험관과 수험생 사이의 면담과 대화로 진행되며, 시험시간은 15분 정도입니다. 수험생들은 대기실에서 기다리다 본인의 이름이 호출되면 시험장으로 입실하게 됩니다. 시험관과 마주 앉게 되며, 책상 위에는 녹음기와 메모지 연필 등이 놓여 있습니다.

모든 대화내용은 테이프로 녹음되며 이 자료를 근거로 인터뷰가 공정하게 치러졌는지의 여부를 판단하고 정확한 밴드스코어(Band Score)를 매깁니다. 또는 수험생이 시험결과에 대한 이의를 제기할 경우 재심을 위해서도 녹취된 내용이 필요합니다. 수험생은 녹음에 심적인 부담감을 가질 필요가 없습니다. 적당한 크기로 자연스럽게 말하면 됩니다.

인터뷰는 정해진 틀에 의해 진행되기 때문에 시험관이 다를지라도 거의 동일한 절차와 형식을 따릅니다. 시험관이 수험생에게 던지는 질문은 시험 가이드라인을 벗어날 수 없습니다. 파트 1과 파트 2는 개인의 신상 정보와 경험 등에 관한 기초적인 사항을 묻습니다. 다만 파트 3가 시작되면서 시험관에 따라 질문이 다양하게 전개되며, 수험생의 영어실력을 총체적으로 평가하게 됩니다.

파트 1 Introduction and interview (4-5 minutes)

파트 2 Individual long turn (3-4 minutes)

파트 3 Two-way discussion (4-5 minutes)

■ 파트 1_ Introduction and interview (4-5 minutes)

시험관이 자신을 소개하며 수험생의 신분을 확인합니다. 이때 수험생은 주민등록증이나 운전면허증 혹은 여권을 제시하면 됩니다. 시험관은 수험생이 편하게 이야기 할 수 있도록 일상생활과 관련된 주제(취미, 가족관계, 직장, 학업 등)를 정해진 질문패턴에 따라 두세 문제 정도 질문을 합니다.

시험관은 파트 1을 통해 수험생의 기본적인 신상정보를 파악합니다. 이때 시험관에게 좋은 인상을 주기 위해서는 Yes나 No의 단답형의 대답은 피하고 시험관의 질문을 주의 깊게 듣고 대답해야 합니다. 수험생이 단순히 암기를 해서 이야기를 한다는 느낌을 시험관이 받게 되면, 절대 좋은 점수를 기대할 수 없습니다. 왜냐하면 스피킹 테스트는 암기력을 평가하는 시험이 아니고, 본인의 의사를 제대로 전달할 수 있는 능력을 평가하는 시험이기 때문입니다.

■ 파트 2_ Individual long turn (3-4 minutes)

수험생은 일정한 주제가 적힌 태스크 카드(Task Card)를 본 후 1-2분 정도 이야기를 해야 합니다. 태스크 카드는 주제와 관련된 몇 가지 사항(보통 3가지)이 적혀 있으며, 수험생은 카드에서 요구하는 질문에 빠짐없이 이야기를 해야 합니다. 시험관이 토픽이 적힌 카드를 수험생에게 줍니다. 수험생은 이 카드를 선택할 수 없습니다. 스피킹을 시작하기 전에 1분 정도 생각할 시간을 가질 수 있습니다. 이때 메모가 필요하면 시험관이 주는 연필과 종이를 이용하여 브레인스토밍을 하여 말하고자 하는 내용을 메모하여 정리하면 됩니다. 수험생의 선택에 따라 메모를 하지 않아도 되지만 이야기를 조리 있게 하기 위해서는 꼭 필요한 작업 중 하나입니다.

파트 2의 주제는 인생의 주요한 사건이나 인생에 영향을 준 인물에 대한 묘사나 특정주제에 관한 설명 등 우리가 경험했던 일들이 대부분입니다. 자신의 생각을 조리 있게 이야기하도록 하며, 시험관은 시간이 경과하면(보통 2분) 수험생에게 시간종료를 말해줍니다. 시험관은 주제와 관련된 2-3가지 질문을 하면서 파트 2를 마치게 됩니다.

Describe a personal possession that is valuable to you.
You should say :
        What it is
        How long you have owned it
        How you use it
And explain why it is so significant for you

당신에게 가치 있는 소장품을 설명하시오.
당신은 다음 사항을 말해야 합니다.
        그것이 무엇인지
        얼마나 오랫동안 그것을 소지했는지
        그것을 어떻게 사용하는지
그리고 그것이 당신에게 그렇게 소중한 이유를 설명하시오.

파트 2는 수험생이 정해진 시간에 주도적으로 이야기를 해야 하므로 주어진 질문에 대한 대답을 하나라도 빠뜨려서는 안 됩니다. 특히 시간 안배에 신경을 써야 합니다. 앞의 한두 문제를 너무 길게 대답하여 나머지 질문에 대해 대답을 못하는 경우가 발생하기도 합니다. 또 주어진 문제를 빠른 시간 내에 끝내는 경우 시험관이 그 시간을 채우기 위해 기다리게 되는 경우도 있습니다. 생각이 나지 않아 이야기를 시작하지 못하거나, 이야기 도중 말을 잇지 못해 침묵으로 일관하는 경우 좋은 결과를 기대하기가 힘듭니다.

■ 파트 3_ Two-way discussion (4-5 minutes)

시험관은 심화된 주제로 토론하고자 합니다. 시험관과 수험생은 이 토론시간을 이용하여 좀 더 구체적으로 대화를 나눕니다. 주제는 항상 파트 2와 관련이 되며, 파트 2의 주제를 확장시키거나 관련되어 야기될 수 있는 상황에 대한 토론이 이루어집니다. 예를 들어, 파트 2의 주제가 물질과 관련되었다면, 아마도 시험관은 현대사회의 물질만능주의에 관한 수험생의 의견을 듣고 싶어할 것입니다.

Q. What do you think will be the effects of society becoming too materialistic?
    지나치게 물질주의가 되면 사회에 미칠 영향이 무엇이라고 생각합니까?

물론 질문은 정해진 형식에 따르지만 시험관의 재량에 따라 대화를 이끌 수 있으며, 이 과정을 통해 수험생의 스피킹 실력을 전체적으로 확인하게 됩니다.

1. 시험 평가기준

❶ 유창함과 일관성 (Fluency and Coherence)

대화를 계속해서 이어갈 수 있는 연속성과 속도에 관한 기준입니다. 보통의 대화 속도가 요구되며, 중간에 생각을 위해 잠시 쉼이 있는 것은 상관이 없습니다. 말을 이어 간다는 것은 이야기 전개에 무리가 없고 정보가 논리적으로 진행되고 있음을 나타냅니다. 문장과 문장을 이어주는 접속어 (Because, In fact, Even so)를 사용하여 본인의 의사를 명확하게 표현하고, 자신의 생각을 연결시킬 수 있어야 합니다.

🖾 해결책

쉬지않고 계속 이야기합니다. 일상생활에서 대화하는 속도를 유지하되, 단어나 혹은 문장을 반복적으로 사용하지 않도록 합니다. 개인에 따라 습관적으로 말을 하면서 발견한 실수를 본인 스스로 수정하는 경우가 있는데, 이는 문맥이 끊어지게 되어 유창한 대화를 할 수 없으므로 삼가하도록 합니다. 이야기의 흐름을 매끄럽게 하기 위해 순서를 정해 적절한 단어와 구를 이용하여 논리적인 전개를 합시다.

> **Hot Tips** 영어가 모국어인 사람과 가능하다면 자주 이야기를 합시다. 아니면 혼자서라도 영어로 말하도록 합니다. 매주 한 번이라도 좋으니 영어로 이야기하는 것을 녹음하도록 합니다.

❷ 어휘력 (Lexical Resource)

사용하는 단어에 관한 기준입니다. 정확한 단어를 적재적소에 사용해야 합니다. 설령 정확한 단어가 생각나지 않는다면 그 단어에 상응하는 또 다른 단어를 선택하여 이야기를 해야 합니다.

🖾 해결책

단어실력을 쌓도록 합니다. 단어를 많이 알고 있으면 표현하고자 하는 단어를 쉽게 선택할 수 있을 뿐 아니라, 적절한 형식까지도 맞추어 사용할 수 있습니다. 게다가, 원어민들이 자주 사용하는 구를 이용하면 훨씬 자연스럽고 격조 높은 대화를 할 수 있습니다.

❸ 영어문법과 정확성 (Grammatical Range and Accuracy)

영어회화는 여러 개의 단어가 모여 구, 구가 모여 절, 절이 모여 문장이 되므로 문장구조에 관한 정확한 파악과 문법을 정확하게 사용해야 합니다. 특히 적절한 시제를 사용하여 이야기를 해야 합니다. 미래에 관한 이야기를 할 때 과거동사를 쓰거나, 일상적 습관이나 행동에 과거동사를 쓰는 경우가 있어서는 안 됩니다. 문법의 오류가 많아 수험생의 말하고자 하는 뜻이 제대로 전달되지 않는 경우 감점의 요소가 됩니다.

📝 해결책

영어문법을 정리하고 재확인합니다. 수험생들이 정확한 문법을 안다면, 단순한 표현이나 비록 복잡한 표현이라도 자신감을 갖고 이야기를 전개할 수 있습니다.

❹ 발음 (Pronunciation)

정확한 발음을 하지 않을 경우 시험관에게 제대로 의사 전달을 하지 못할 경우가 있습니다. 평소에 습관적으로 잘못 발음하는 단어가 있다면, 집중적으로 연습을 해서 정정을 하거나 아예 본인이 그 발음에 자신이 없을 경우 사용하지 않는 것이 감점을 피해가는 방법이기도 합니다.

🖼 해결책

발음연습에 일정 시간을 할애합니다. 성인이 되어 영어를 공부할 경우 원어민과 똑같이 발음한다는 것은 쉬운 일이 아닙니다. 발음이 좋을 경우, 어투가 정확하지 않더라도 이해하기가 비교적 수월합니다. 영어를 사용하는 사람들조차도 지역에 따라 그들 특유의 악센트가 있습니다. 악센트보다는 정확한 발음을 구사하도록 노력합시다.

Hot Tips
- 영화나 텔레비전 혹은 라디오에 나오는 구어체 영어를 많이 보고, 듣도록 합니다.
- 가능하다면 자주 본인이 영어로 이야기하는 것을 녹음해서 다시 들어봅시다. 스스로 잘못된 발음을 찾아낼 수도 있습니다.
- 테이프를 들으면서 동시에 따라 말하도록 연습합니다. 이렇게 하는 이유는 단어의 높낮이와 강세의 위치를 확인하는데 효과적인 방법입니다.

위의 4가지 영역을 모두 평가하여 스피킹의 최종점수를 산출하게 됩니다. 각 영역별로 다른 점수를 받게 되며, 수험생에 따라 영역별로 강한 부분과 약한 부분이 있을 수 있습니다. 예를 들면, 유창함 (Fluency)에서 5점을 받고 발음(Pronunciation)에서 4.5를 받을 수 있다는 말입니다. 시험관은 4가지 영역의 점수를 합산 후 평균을 내어 시험점수를 매깁니다. 시험관은 이 표를 기준으로 하여 학생의 실력을 평가합니다.

2. 시험 평가방법

수험생은 파트 1, 2, 3의 인터뷰를 통해 평가가 되며 만일 적게 이야기한다면, 시험관이 평가할 자료가 많지 않게 됩니다. 그러므로 주어진 시간 내에 많은 이야기를 해야 합니다. 시험관이 수험생과 직접적인 관련이 없는 혹은 전혀 겪어 보지 못한 행사나 생활에 대해 질문을 할 경우 상상을 동원하여 대답을 만들도록 합니다. 시험관은 수험생의 의견과 사고를 평가하는 것이 아니고 그 질문에 어떻게 대답을 하는지를 평가하므로, 대답이 진실이든 혹은 지어낸 이야기이든지 상관이 없습니다.

시험관이 파트 1에서 파트 3에 이르기까지 줄곧 평가하는 것은 이야기를 순조롭게 이끌어 갈 수 있는 능력입니다. 순조롭고 막힘없이 이야기를 끌고간다면 회화를 유창하게 한다고 말할 수 있습니다. 유창함과 동시에 정확하게 말하는 것은 쉽지 않습니다. 만일 정확하게 말하려고만 애쓴다면 실수를 겁내고 너무 많은 사항을 생각하게 되므로 이야기를 유연하게 이끌 수 없습니다. 스피킹은 정확함보다는 유창함에 초점을 맞추어야 합니다. 문법상의 실수와 잘못된 단어를 사용하더라도 시험관은 수험생이 무엇을 말하려는지 알 수 있습니다. 하지만 실수를 걱정하여 적게 말한다면, 시험관은 수험생이 말하고자 하는 의도를 이해하기 힘들어집니다. 또한 스피킹 실력을 보여 줄 수 없으므로 좋은 점수를 획득할 수 없습니다.

❶ 파트별 주제

파트 1
수험생의 취미, 가족관계, 직장, 학업 혹은 선호도에 대한 질문으로 일상생활과 관련된 익숙한 주제이므로 난이도가 가장 쉬운 파트입니다.

파트 2
시험관이 제시한 태스크 카드에 관해 2분 동안 이야기를 해야 합니다. 주제는 인생의 중요한 사건, 영향을 미쳤던 인물에 관한 묘사, 특정 기념일 등입니다. 시간분배가 가장 중요한 파트입니다.

파트 3
시험관이 파트 2의 주제에 대해 더욱 구체적인 질문을 하게 됩니다. 수험생의 의견을 묻거나 비교 설명, 혹은 해결방안 등을 요구하게 되므로 난이도가 가장 어려우며 예상하지 못했던 질문이 나올 가능성이 높은 파트이므로 주제별로 많은 준비가 필요합니다.

❷ 의사소통

영어로 상대와 이야기를 할 때 내용을 이해하지 못하는 경우도 있을 것입니다. 도움을 요청하는 습관을 갖도록 합시다. 질문을 충분히 이해하지 못하고 동문서답을 하기보다는 질문의 내용을 확실하게 파악하고 대답을 하는 것이 좋습니다. 이 책의 뒷부분에 상황에 따라 필요한 구문을 정리하여 요약하였습니다. 구체적인 예문을 다음에 살펴보도록 합시다.

❸ 질문 이해

짧은 지문이 이해하기가 더 어려울 수 있습니다. 만일 재빨리 이해가 되지 않는다면 질문에 적합한 대답을 바로 할 수 없게 됩니다. 짧은 지문을 듣고 신속하게 반응하도록 연습을 해야 합니다. 질문을 이해하지 못했다면 시험관에게 다시 반복해 주길 요청하거나 본인이 이해한 사항을 설명할 수 있어야 합니다. 만일 아무런 대답 없이 침묵으로 일관한다면 감점을 받게 되지만 도움을 요청한다면 대화의 연장이므로, 감점의 대상이 되지 않습니다. 그러므로 짧은 질문에 신속하게 반응할 수 있도록 많은 연습이 필요합니다.

1. 주어진 시간에 많이 이야기를 합니다.
2. 상상을 동원하여 답안을 만들도록 합니다.
3. 정확함보다는 유창하게 이야기를 이끄는 데 초점을 둡니다.

Hot Tips **스피킹 시험 준비요령**

1. 먼저 시험 평가기준을 충분히 알고 있어야 합니다.
2. 구어체 영어실력을 향상시킬 방법을 찾도록 합니다.
3. 기존에 출제되었던 주제에 대해 많은 정보가 필요하고, 그것과 관련하여 본인의 답안을 작성해 봅니다.
4. 평가기준을 파악하도록 합니다.
5. IELTS를 준비할 만한 방법을 강구하도록 합니다. 전문학원에 등록을 하거나 본인이 스스로 준비를 원할 경우, IELTS 관련 인터넷 사이트를 방문하도록 합니다.
6. 시험시간 동안 본인의 영어실력을 가장 잘 보여줄 수 있는 방법을 생각하도록 합니다.
7. 본인의 주제별 단어장을 만듭니다.

시험 당일 전략 및 준비요령

1. 시험 당일 전략

IELTS 테스트 가운데 스피킹과 라이팅은 오랜 기간에 걸쳐 시험공부를 꾸준히 해야 점진적인 발전을 기대할 수 있습니다. 열심히 공부하고 많이 읽으며, 영어 뉴스를 청취하고 기회가 있을 때마다 연습하면 영어를 능숙하게 할 수 있습니다. 특히 영어문법과 단어실력이 방대하다면, 더욱 좋겠지요. 하지만 시간을 잘 활용하면, 스피킹 테스트의 경우 좋은 시험 결과를 기대할 수 있습니다. 수험생의 시험 운에 따라서 미리 준비하고 생각했던 주제가 나올 경우 이야기 내용도 풍부하고, 자신감이 생기므로, 좋은 성과를 거둘 수 있습니다. 적게는 0.5점에서 많게는 1.0의 점수 차이를 생각할 수 있습니다.

- 정확하게 말해야 하는데, 문법적으로 오류가 있으면 감점을 당할 텐데 등, 너무 많은 걱정을 하지 않도록 합니다. 어떻게 말해야 할지에 신경을 쓰기보다는 무엇을 말해야 할지에 초점을 둡시다.
- 시험관의 질문에 완전한 문장을 사용하여 대답하도록 합니다. 특히 파트 1과 파트 3의 경우 우선 질문에 먼저 대답한 후 관련 예문을 들고 이유를 설명하면서 답안을 확장시키세요.
- 파트 2는 태스크 카드의 서브토픽(Sub-topic)에 관한 사항을 이야기하면서, 각 항목에 대해 명확하게 이야기를 마무리한 후 다음 주제로 넘어가도록 합니다. 서브토픽 1에 관하여 이야기하다가 이야기의 결론 없이 서브토픽 2의 답안으로 옮겨서 이야기하지 않도록 합니다.

❶ 파트 1

가장 처음 치르는 파트로 수험생 자신, 가족, 친구, 개인 생각에 대한 짧은 질문에 대답하는 것입니다. 모든 질문에 대해 바로 대답하고, 대답에 대한 부연 설명을 하도록 합니다. IELTS 시험에서 좋은 성적을 거두기 위해서는 자신의 대답을 확장하여 부가 설명을 할 수 있어야 합니다. 시험관이 일상적으로 매일 하는 활동에 대해 묻는다면, 그와 관련된 예문을 제시하여 이야기를 확장시키도록 합니다. 확장 설명을 할 때, 예를 들어 집안 살림에 관한 특정한 영어 단어가 떠오르지 않을 경우 모르는 단어를 사용하려고 애쓰지 말고, 알고 있는 다른 단어로 이야기해야 합니다. 아는 분야에 관해 이야기할 때 자신감도 생기고 실수도 적게 됩니다.

특히, 개인적인 선호에 관한 질문의 문형인 Do you like / prefer A or B?라는 질문에 대한 답변은 Yes 혹은 No로 대답해서는 안 됩니다. 왜냐하면 시험관은 수험생이 두 가지 다른 사항 중에 하나를 선택하길 기대하면서 질문을 하기 때문입니다. 가장 중요한 것은 올바르게 대답해야 한다는 사실입니다. 만일, 위와 같이 선호에 관한 질문을 받았다면 이유를 설명하면서 답안을 확장시킬 수 있고 혹은 더욱 더 구체적인 사항을 설명하면서 답안의 길이를 늘여 질문에 조금 더 적극적으로 대답을 하게 되면 좋은 점수를 기대할 수 있습니다.

❷ 파트 2

두 번째 단계는 수험생 자신이 2분 정도에 걸쳐 주어진 주제에 대해 이야기하는 것입니다. 시험관이 보여 주는 태스크 카드에는 그 주제에 관해 무엇을 말해야 할지 적혀 있으므로 학생들은 요구되는 모든 사항을 조리 있게 말해야 합니다.

1. Describe a person you have met who has had a significant influence on your life.
   당신이 만난 사람 중 당신의 인생에 중대한 영향을 미쳤던 분에 대해 말하시오.
   ◐ 첫 줄은 일반적인 주제를 보여 줍니다.

2. You should say: 당신은 다음 사항을 말해야 합니다:
   Where you met that person 그 사람을 만났던 장소
   When the meeting took place 만남이 언제 일어났는지
   How it was that you met this person 그 사람을 어떻게 만나게 되었는지
   ◐ 태스크 카드에 적혀 있는 몇 가지 서브토픽들은 수험생이 반드시 이야기해야 할 사항들입니다. 보통은 3가지 관련 질문이 주어지게 됩니다.

3. And explain what it was about this person that has had such an influence on you.
   그 사람이 어떻게 당신에게 영향을 미쳤는지에 대해 말하시오.
   ◐ 마지막 줄은 수험생의 의견과 경험에 관한 보다 구체적인 사항을 유도하는 질문이 나오게 됩니다.

태스크 카드는 보통 3가지 문항의 서브토픽(Sub-topic)이 나옵니다. 각 문항에 모두 대답해야 합니다. 연습을 할 때 시간을 측정해 본다면, 질문 카드의 각 문항에 어느 정도 시간을 할애해야 할지 알게 되고 시험 유형에 익숙해질 수 있습니다.

❸ 파트 3

시험관이 수험생의 의견과 생각을 묻는 질문을 하게 됩니다. 질문의 주제는 파트 2와 관련이 있습니다. 파트 1에 비해 개인적인 질문이 아닌 심화된 질문에 대답을 해야 합니다.

① 상황 묘사 Can you tell me about the main political issues in your country?

② 의견 피력 Do you think people should be allowed to carry guns?

③ 선호도 Which do you think is better, living in the country or living in the city?

④ 이유 설명 What do you think is the reason for the declining birthrate nowadays?

Hot Tips

고사장에서 필요한 스킬 12

1. 되도록이면 많이 이야기를 합니다.
시험관은 수험생의 이야기를 듣고 평가하는 사람이므로, 수험생이 이야기를 주도적으로 해야 합니다. 특히 자신의 의견을 피력하는 파트 2와 파트 3는 완전한 문장으로 이야기를 해야 합니다.

2. 적당한 목소리 크기와 이야기 속도에 신경을 쓰도록 합니다.
녹음기를 의식해서 지나치게 목소리를 높이거나, 시험관에 대한 두려움 때문에 기어가는 듯한 목소리를 하지 않도록 합니다. 작은 목소리는 자칫하면 자신감의 결여로 보일 수 있습니다. 불안하게 되면 말의 속도가 빨라지게 됩니다. 발음이 정확하지 않은 상태에서 말의 속도까지 빨라지면 시험관은 더욱더 이해가 어려워지게 됩니다. 스스로 시험에 충분히 준비를 했다고 최면을 걸도록 합시다.

3. 좋은 인상을 주도록 합니다.
채점의 기준은 스피킹 실력이지만 시험관도 수험생의 태도와 옷차림에 무의식적으로 영향을 받게 되므로 올바른 어투와 단정한 외모가 필요합니다. 복장은 편안하지만 정결해야 합니다. 대화에 적극적인 참여는 수험생의 앉아 있는 태도로 알 수 있습니다. 허리를 곧게 펴고 자신감을 갖고 이야기를 하도록 합니다. 시선을 제대로 두고 불필요한 몸동작을 삼가야 합니다.

4. 시험에 대해 대비합시다.
시험에 관한 충분한 정보와 준비가 있다면, 스피킹 시험에 대해 각 파트별 출제 경향과 제기되는 문제에 대해 예측을 할 수 있습니다. 시간은 시험관이 수험생에게 알려주므로 시간 운용에 대해 많이 염려하지 않아도 됩니다. 시험은 파트 1이 파트 2에 비해 용이하며, 파트 3가 가장 난이도가 높습니다.

5. 익숙하지 않은 질문이 나왔을 때 긴장하지 맙시다.
본인이 평소에 준비한 문제나 주제가 나왔을 경우 차분하게 질문에 대답할 수 있습니다. 문제를 제대로 예상하고 또한 예상문제가 출제되었다면 시험에 운이 따른 경우이지만, 시험에는 다양한 주제가 출제되며 시험관에 따라 전혀 다른 토픽에 관해 이야기해야 하므로 익숙하지 않은 질문이 나올 가능성도 배제할 수 없습니다. 파트 2에서 전혀 생각하지 않았던 태스크 카드가 주어졌을 때, 당황하지 말고 주어진 1분간의 브레인스토밍을 통해 자신의 생각을 차분하게 정리해서 이야기를 시작해야 합니다. 평소에 주제와 관련되어 생각나는 단어를 미리 적어보고 브레인스토밍하는 훈련이 필요합니다.

6. 실수를 두려워하지 맙시다.

영어가 모국어가 아닌 이상 영어로 대화하거나 토론을 할 때 누구나 실수를 하게 됩니다. 실수를 두려워하지 말고 적극적인 태도로 시험에 임하도록 합니다. 실수에 대한 걱정을 하기보다는 의사소통의 원활한 방법을 생각하는 것이 낫습니다.

7. 본인의 악센트에 대해 걱정하지 맙시다.

모든 언어에는 방언이 있고, 지방마다 특유의 악센트를 갖고 있습니다. 그러므로 악센트는 시험에 있어 중요한 부분이 아니므로 염려할 필요가 없습니다. 정확한 발음으로 또박또박 자신의 의견을 말할 수 있으면 됩니다.

8. 속어 혹은 비공식적인 언어는 삼가도록 합니다.

친구들과 이야기를 할 경우는 친근감을 위해서 혹은 자연스럽게 속어나 비공식적인 단어를 사용하여 격의 없는 대화를 할 수 있어도 IELTS 스피킹시험에서는 적합하지 않습니다. 시험 상황임을 기억하고 적합한 단어와 용어를 사용하여 자신의 의사 전달을 명확하고 정확하게 하도록 합니다.

9. 어려운 단어 혹은 표현을 사용하려고 애쓰지 맙시다.

만일 전문용어와 구문을 적재적소에 사용할 수 있는 능력이 있다면 상관없지만, 괜히 어려운 단어를 잘못 사용하여 의사소통을 제대로 할 수 없게 된다면 오히려 사용하지 않는 것이 낫습니다. 어려운 단어를 수험생이 제대로 이해하지 못하고 사용하는 것을 시험관이 알게 될 경우 감점의 대상이 됩니다.

10. 주제에서 벗어나지 않도록 합니다.

특히 파트 2의 경우 대답해야 하는 서브토픽에 따라 순서대로 이야기를 하되, 절대 주제를 벗어나서는 안 됩니다. 두서없이 이야기를 하다 보면 전혀 주제와 관련 없는 사족을 이야기 하게 되는데, 정해진 시간 안에 모든 토픽을 이야기해야 하므로 이야기 도중에도 항상 주제를 생각하도록 합니다. 브레인스토밍이 절대적으로 필요한 이유는 바로 주제를 고수하여 대화나 토론을 이끌 수 있는 효과적인 방법이기 때문입니다.

11. 모범 답안을 외우려고 노력하지 맙시다.

시험을 위해 많은 준비를 하는 것은 중요하고 마땅히 그렇게 해야 하지만, 모범답안을 그대로 외우려고 하지 맙시다. 질문에 정확한 대답이 될 수 없으며 또한 수험생이 준비된 답안을 외워서 대답한다면 자연스럽지 않으므로 시험관은 쉽게 알아차리게 됩니다. 이럴 경우 시험관은 주제를 바꾸기도 합니다.

12. 시간 배정에 신경을 쓰면서 많은 연습을 하도록 합니다.

스피킹을 연습할 때, 시간을 확인하도록 합니다. 각 파트당 4분 정도의 시간을 할애하여 연습을 하게 되면 다른 주제를 말할 경우에도 어느 정도의 분량이 정해진 시간에 해당하는지 알 수 있게 됩니다. 시험을 준비하는 동료나 친구와 함께 다양한 주제를 갖고 많이 이야기하도록 합니다.

Chapter 2

Speaking Strategy

1 Part 1

시험관이 질문을 할 때 머뭇거리면서 말을 시작하지 못하거나 아예 대답할 의사를 보이지 않고 침묵으로 일관하는 경우가 있어서는 안 됩니다. 일반적인 대화에서도 도중에 침묵이 흐르면 불안하고 걱정스러움이 앞서면 당황하기 쉽습니다. 게다가 시험관이 수험생의 대답이 끝났다고 생각하여 다음 주제로 옮기는 경우가 발생합니다. 시간이 모두 경과되어 더이상 이야기할 필요가 없을 때는 상관이 없지만 대화 도중이라면, 대화가 진행되고 종결되지 않았다는 사실을 알리는 방법으로 well, ummm, hmmm을 이용하여 계속해서 말하려는 의지를 보여야 합니다. 시험관은 일상생활과 관련된 취미, 가족 관계, 직장, 학업 등의 익숙한 주제로 정해진 질문 형식에 따라 두세 가지 질문을 합니다.

❶ 성장 과정에 관한 질문 (고향, 거주지, 국적)

· Name of city, town or village 도시, 마을 이름
· Location and type of area 지역 형태와 위치
· Special points of interesting 흥미로운 특별한 장소
· Local occupation and employment 지역 업무와 직업
· Advantages and disadvantages as a place to live 살기 위한 장소로서 장점과 단점

❷ 학업에 관한 질문

Q. Where are you studying?
　　당신은 어디에서 공부하나요?

A. I am studying English at a language school in the north of Auckland.
　　저는 오클랜드 북쪽에 있는 어학원에서 영어를 공부하고 있습니다.

Q. Do you like it?
공부를 좋아합니까?

A. I think that learning English is a challenge and I enjoy challenging myself and learning new skills.
영어를 공부하는 것은 하나의 모험이라고 생각하며, 제 스스로 모험하고 새로운 기술들을 공부하는 것을 즐깁니다.

❸ 직업에 관한 질문

Q. Your daily routine and responsibilities.
당신의 하루 일과와 임무

A. In the morning I arrive at 8. 30 am and read all of my e-mails. During the day I am required to reply to these e-mails, begin new sales, speak on the phone with customers and co-workers in other branches and check the daily production.
아침 8시 30분에 도착해서 이메일을 봅니다. 낮에는 이메일에 답변을 하고, 새로운 판매를 시작하며 고객들이나 다른 지점의 동료들과 전화로 통화하고 하루 생산량을 체크합니다.

❹ 취미에 관한 질문 (스포츠)

Q. Do you play any sport?
어떤 스포츠를 합니까?

A. Yes, I like to play tennis with my friends when I have free time.
네, 저는 시간이 있을 때 친구들과 테니스를 합니다.

A. No, I don't play any sport but I go jogging and get exercise when I can.
아니오, 저는 어떤 스포츠도 하지 않지만 할 수 있을 때 조깅과 운동을 합니다.

Q. How often do you play it?
얼마나 자주 그것을 합니까?

A. I don't play tennis very often. We usually play once a month.
테니스를 자주 치지는 않습니다. 보통 한 달에 한 번 합니다.

Q. Do you prefer playing sport or watching sport?

당신은 스포츠를 하는 것과 관전하는 것 중 어느 것을 선호합니까?

A. I much prefer playing sport than watching it. I get bored easily by sportsmen who overact and don't play fairly. That is not the way to play sport.

관전하기보다는 스포츠를 하는 것을 훨씬 더 좋아합니다. 과장된 행동을 하는 선수들과 정정당당하게 경기하지 않는 선수들에게 쉽게 실증이 납니다. 그것은 스포츠를 하는 옳은 방법이 아닙니다.

A. I enjoying watching sport more than playing it. I'm glad it is not me out there on the field getting hurt.

직접 경기를 하는 것보다 관전하는 것을 즐깁니다. 경기장에서 다치는 사람이 내가 아니라서 다행입니다.

다음의 표현들은 대화를 시작하거나 자신의 의견을 피력할 때, 시험관에게 질문을 다시 반복해 줄 것을 요구할 때, 자신의 관점을 논리적으로 표현할 때 필요한 요긴한 어구들입니다.

❶ 대화를 시작할 때 쓰는 표현

다음 문장은 대화를 시작할 때 사용하는 표현입니다. 본격적으로 대화를 시작하기 전에 생각할 수 있는 여유 시간을 갖기 위해 사용할 수 있는 것들입니다. 암기하도록 합시다.

- **Let's put it this way.** 이렇게 생각해 보지요.
- **The best way I can answer that is** 그 질문에 대한 가장 좋은 방법은
- **Well, let me see.** 음, 글쎄요.
- **Well, let me think.** 음, 생각해 보면.
- **That's a good question.** 좋은 질문입니다.
- **Mm, that's a difficult question. Let me see.** 음, 대답하기가 힘드네요. 글쎄요.

❷ 시험관에게 반복을 요구하는 표현

만일 시험관이 말한 내용을 확실하게 이해하지 못했을 때, 주저하지 말고 다시 반복해주길 부탁해야 합니다. 시험관의 질문을 확실히 알아야만 질문에 관한 대답을 할 수 있습니다. 두려워하지 말고 아래 문장을 이용하여 되묻도록 합니다.

- **Would you mind repeating that?** 실례가 되지 않는다면 반복해 주시겠어요?

- Sorry, I didn't catch the (last/first/middle) part.
  죄송합니다, 그 부분(마지막/처음/중간)을 이해하지 못했습니다.
- Sorry, what did you say? 죄송합니다, 뭐라고 말씀하셨지요?
- Sorry? 죄송합니다.
- Would you mind saying that again? 실례가 되지 않는다면 다시 말씀해 주시겠어요?
- Could you repeat it again? 그것을 다시 반복해 주실 수 있나요?
- I didn't get the bit about. 제가 이해를 잘 하지 못했습니다.
- What do you mean by? 무엇을 말씀하시는지요?
- What does it mean? 무엇을 의미하시나요?
- Could you please clarify what you mean by that?
  말씀하신 바를 명확하게 해주실 수 있습니까?

❸ 의견을 피력하는 표현

스피킹 테스트에서 다양한 주제에 관해 수험생은 자신의 의견을 설명해야 합니다. 다음 구문을 이용하면 의견을 강하게 표현하는데 도움이 됩니다.

- I think 제가 생각하기에
- I suppose 제가 주장하기로는
- I'd say 제가 말하고 싶은 것은
- Perhaps it's 아마도 그것은
- I'm fairly certain that 저는 that 이하를 거의 확실합니다
- It's my opinion that 저의 의견은 that 이하입니다
- My view is 저의 견해는 ~입니다
- From my point of view 제가 보는 견지에서는
- I feel that 제가 느끼기에
- If I had my way 만일 저의 방식대로라면
- In my personal opinion / I personally think 개인적으로 저는 생각합니다
- I have no doubt that 저는 that 이하를 의심하지 않습니다
- I am certain that 저는 that 이하를 확실합니다
- I'm convinced that (strong opinion) 저는 that 이하를 확신합니다 (강한 의견)

* 위 구문은 의견을 표현하는 강도에 따라 나열되었습니다.

이 파트는 특정 주제에 관해 수험생이 정해진 시간(약 2분) 동안 이야기하는 것입니다. 익숙한 주제가 적힌 태스크 카드를 받게 되고 3가지 부가적인 질문에 빠짐없이 답변해야 합니다. 1분 정도 말하기 전에 준비할 수 있는 기회가 있으며 이 시간을 현명하게 사용하여 답변을 간단하게 메모합니다. 다시 한번 강조하지만, 모든 서브토픽(Sub-topic)에 관해 이야기를 해야 합니다. 생각나는 대로 많이 적어 놓도록 합니다. 특히 6하 원칙에 따라 정리하면 조리 있게 말할 수 있습니다.

시험관은 정확하게 말하지만 지속적으로 말을 잇지 못하고 주저하며 멈추었다가 다시 말을 잇는 학생보다는, 몇 가지 실수가 있더라도 이야기를 잘 이끌어가는 학생에게 더 많은 점수를 주게 됩니다. 한 문장을 단숨에 말할 수 있도록 하며, 만일 계속해서 문장을 이어갈 수 없더라도 너무 염려하지 말고, 하고자 하는 말을 마무리 짓도록 합시다. 유창하게 말할 수 있도록 많이 연습합시다. 유창하게 말해야 하는 또 다른 중요한 이유는 만일 수험생이 도중에 이야기가 막힐 경우 시험관은 수험생의 대답이 끝났다고 생각하여 그 다음 질문을 하게 될지도 모릅니다. 유창하게 말하는 것은 결코 쉬운 일은 아니지만 연습을 통해 가능하며 또 그렇게 될 수도 있습니다.

첫 번째 가장 기본적인 질문에 대답하도록 연습합니다. 예를 들면, 친숙한 주제, 즉 가족에 관해서는 많이 생각하지 않고서도 금방 대답할 수 있는 주제입니다. 나이와 성격을 묘사하고 당신과의 관계를 이야기하도록 합니다. 그 다음 수험생 자신과 취미에 관해 말하도록 합니다. 이런 반복적인 연습을 통하면 끊임없이 말할 수 있게 됩니다.

유창하게 말하는 데 도움이 되는 다른 사항은 암기력에 의존하지 않는 것입니다. 구를 외우고 문장을 외우는 것도 좋지만 시험 상황에서는 암기로 준비된 답안을 말하게 될 경우 로봇처럼 어색할 수 있고, 매끄럽지 않게 되므로 감점의 요소가 될 뿐 아니라 시험관이 질문에 적합한 답이 아닐 경우 0점 처리도 할 수 있습니다. 가장 좋은 방법은 주제와 관련된 단어와 구를 외우는 것이 훨씬 효과적입니다.

Hot Tips 답안을 모두 암기하려고 하지 마십시오. 가능하다면 자연스럽게 이야기해야 합니다. 외워서 말하는 답안을 시험관도 금방 알 수 있습니다. 본인의 생각과 주장을 논리를 가지고 자신의 언어로 말하도록 합니다.

Describe a school subject that you really enjoyed

You should say:

- What the subject was

- Where you took the subject

- Why you liked it

스텝 1 6하 원칙 도표 만들기

What	History
When	-
Where	At high school
Who	-
Why	Learned about my ancestors / It explained how Korea came to be like it is today / Use other people's experiences in the history to improve my life
How	-
Etc	-

* 위의 도표 중에 볼드 처리한 항목은 반드시 대답해야 합니다.

6하 원칙에 따라 질문과 답변 정리하기

What	Q. What subject did you enjoy? A. History
When	Q. When did you start learning it? A. I started learning it at high school. A. I learned it for five years.
Where	Q. Where did you take the subject? A. At high school
Who	Q. Who was the teacher? A. The teacher was Mrs. Kim. Q. Who did you study with? A. I studied with my best friend Soo Eun.
Why	Q. Why did you like it? A. I learned a lot about my ancestors A. It explained how Korea came to be like it is today. A. I can use other people's experiences in history to improve my life.
How	Q. How was the subject taught? A. We had some class work and also had to do our own research.
Etc	만일 시간이 남는다면 관련된 문장을 생각하도록 합니다. My teacher used to use cue flash cards to explain all the historical events. 위와 같은 대답은 기본적인 대답을 마친 후에 하도록 합니다. 답변 자체로 충분한 설명이 되지 않을 경우에 관련된 자세한 이야기를 첨가하도록 합니다.

답변 완성하기

❶ What 무엇

A subject that I really enjoyed was history.

내가 가장 좋아했던 과목은 역사입니다.

◉ 처음 문장은 질문에 있는 같은 단어를 사용하는 것이 좋은 방법입니다. 두 번째 문장부터는 수험생이 선호하는 단어를 사용해도 되며, 질문의 주제에 초점을 두고 말하는 습관을 갖도록 합시다.

❷ Where 어디

I became interested in it (history) when I was at high school in my hometown of Yeosu.

내 고향 여수에 있는 고등학교에 다닐 때 저는 역사에 관심이 생겼습니다.

◉ 역사 과목을 배웠던 장소에 관한 질문으로 학교 혹은 학원을 말하면 됩니다.

❸ Who 누구

My first history teacher was Mrs. Kim. She was a kind-hearted woman who took time to explain all the facts. She made our lessons very enjoyable using characters and fun ways of learning such as role playing. If anybody had any questions then she would listen patiently before explaining the answer. My best friend Soo Eun took history with me. She understood history better than I could and took the time to explain things to me when we were studying together.

저의 첫 번째 역사 선생님은 김 선생님이었습니다. 그녀는 마음이 포근한 여인으로 시간을 내어 모든 사실에 대해 설명하셨습니다. 그녀는 역할 놀이와 같은 흥미로운 방법과 인물을 이용하셔서, 그 시간을 흥미롭게 만드셨습니다. 만일 누구라도 질문이 있을 경우 선생님은 질문에 대답하기 전에 인내심을 갖고 들어주시곤 했습니다. 나의 가장 친한 친구인 수은이도 나와 함께 역사를 들었습니다. 그녀는 나보다 더 역사에 대해 많은 이해가 있었고 우리가 같이 공부할 때 나에게 시간을 내어 설명해 주었습니다.

◉ 좋아하는 선생님에 대해 말할 수 있고 왜 그 선생님을 좋아했는지에 관해 약간의 정보를 줘도 좋습니다. 위에서 언급한 바와 같이, '누구'는 또한 함께 공부했던 사람이 될 수 있고 그들로 인해 과목을 즐길 수 있었던 이유가 있었다면 부가 설명을 하도록 합니다.

❹ When 언제

I started learning history in my first year (of high school). We had this class four times per week. I especially enjoyed this class when we had it on Friday afternoons as I found it so enjoyable that the time flew by and before I knew it school was over. I liked history so much that I took it for another five years.

고등학교 1학년 때 역사를 배우기 시작했습니다. 일주일에 네 번 수업이 있었습니다. 특히 금요일 오후에 있는 수업을 좋아했고 이유는 과목이 너무 재미있어 시간이 빨리 지나서 학교가 끝난지도 몰랐습니다. 역사가 너무 재미있어서 역사를 그 후 5년간 더 선택했습니다.

◗ 그 과목을 배웠던 시기에 대해 묘사하도록 합니다. 그 과목을 처음 배웠던 때 일 수 있고, 그 과목을 배웠던 요일 혹은 일생의 어느 시기에 공부했는지 설명해도 됩니다.

❺ Why 왜

I enjoy history because it tells the story of how people got to be here today. Everything that we use today has a story of how it was invented. Each town also has a story on how it was founded and how different groups of people came to live there. The stories that history can tell are as interesting as any movie but with the key difference that they are real.

저는 사람들이 어떻게 현재의 모습이 되었는지 설명해 주기 때문에 역사를 좋아합니다. 오늘날 사용하고 있는 모든 것은 그것이 창조된 이야기를 갖고 있습니다. 도시 또한 그곳이 어떻게 형성되었고 어떤 다른 사람들이 그곳에 살게 되었는지에 관한 이야기가 있습니다. 역사가 우리에게 들려주는 이야기들은 영화와도 같이 흥미롭지만 주요한 차이점은 그것들이 진실이라는 것입니다.

◗ 왜 그 과목이 가장 좋아했던 과목인지 이유를 설명하도록 합니다. 아마도 왜 그 과목을 선택했는지, 왜 선생님이 좋다고 생각했는지 그리고 당신이 언급한 문장 속에 숨어 있는 이유를 말하도록 합니다.

❻ How 어떻게

We learnt history mostly in class although the teacher encouraged us to do some research on our own. I loved history so much that I read the whole textbook and sought out additional resources to get more information about specific time periods. To help us understand the events, our teacher made up cue cards to help us remember important events. She used cartoon characters to make the historical events seem interesting to the class and some of the pictures were really funny. I think that, because the pictures were so amusing, most students remembered them and did well in the exam.

저희는 비록 선생님이 저희에게 나름대로 조사를 하도록 격려했지만 역사를 대부분 교실에서 배웠습니다. 저는 역사를 아주 좋아해서 교과서 전부를 읽고 특정 시기에 관한 더 많은 정보를 얻기 위해 부가적인 자료를 찾았습니다. 사건에 대한 이해를 돕기 위해서 선생님은 암시 카드를 만들어서 중요한 사건을 외우는데 도움을 주었습니다. 선생님은 역사적인 사건을 흥미 있게 보이도록 민들기 위해 민화 주인공을 사용했는데, 그중 몇 가지 그림은 정말로 우스웠습니다. 저는 그림이 재미있어서 대부분 학생들이 그것을 기억하고 시험을 잘 보았다고 생각합니다.

◉ 선생님이 수업을 진행했던 방법을 설명합니다.

위의 모든 사항을 고려하여 답안을 작성한다면 파트 2의 시험을 성공적으로 치를 수 있습니다. 이 정보들 중에 어떤 것들은 태스크 카드상의 세 가지 질문에도 해당됩니다. 태스크 카드를 정확히 읽고 제시된 모든 질문에 빠짐없이 대답해야 합니다.

만일 인생에서 특정한 사실을 생각할 수 없을 경우, 이야기를 꾸며서 하도록 합니다. 이야기가 사실이 아니어도 감점을 당하지는 않습니다. 만일 영화에 대한 주제가 주어졌다면 당신의 친구가 들려준 영화 이야기를 해도 상관없습니다. 만일 창의력이 풍부한 학생이라면 즉석에서 영화 시나리오 한 편을 만드십시오. 비록 꾸며내는 일이 쉽지는 않지만 파트 2에서 주어진 주제에 관해서 이야기를 해야 한다는 사실을 기억하십시오. 만일 아무런 대답을 못한다면, 시험관이 그와 관련하여 얻는 정보도 적을 뿐 아니라 파트 2와 관련하여 심화 질문이 필요한 파트 3의 질문의 내용도 적어집니다. 시험관이 애타게 수험생의 답변을 들으려고 한다면, 좋은 결과를 기대할 수 없겠지요.

Hot Tips 녹음기를 준비하여 2분간 자신의 답변을 녹음하도록 합니다. 문장과 문장 사이에 휴지기가 있거나 본인이 반복하여 말하는 부분과 문법적으로 오류가 있는 문장을 찾아내고 녹음된 내용을 바탕으로 유창함과 명료함에 걸림돌이 되는 것을 수정하여 다시 연습하도록 합니다.

수험생과 시험관 사이의 토론 형식으로 진행되며 본인의 의견을 어느 정도로 정확하고 논리 있게 피력할 수 있는지 확인하기 위해 파트 2와 연관된 몇 가지 질문을 하게 됩니다. 파트 2와는 달리 준비할 시간을 따로 주지 않으므로 질문의 내용을 명확하게 파악한 후 신속하게 답안을 생각해야 합니다. 가장 좋은 방법은 시험관이 묻는 질문에 우선 대답을 합니다. 그런 후에 그 논리를 지지할 만한 예문이나 실례를 들어 줍니다. 다음과 같은 질문을 받았다고 칩시다.

Q. Do you think that television has a positive or negative effect on children?
텔레비전이 아이들에게 부정적인 영향을 준다고 생각하나요, 아니면 긍정적인 영향을 준다고 생각하나요?

---

1. 가장 먼저 대답해야 할 내용은 아래와 같습니다. [주장 제시]

I think that television has a negative effect on children.
텔레비전이 아이들에게 부정적인 영향을 준다고 생각합니다.

◐ 위와 같은 문장으로 시작하는 것이 효과적입니다. 왜냐하면 주제에 관해 명확하게 자신의 의견을 피력할 수 있기 때문입니다.

2. 이제는 그렇게 생각하는 첫 번째 이유에 대해 설명할 차례입니다. [주장 이유]

Children who watch TV do not get enough exercise.
텔레비전을 보는 아이들은 충분한 운동을 하지 못합니다.

3. 다음 단계는 왜 위의 사실이 어린이들에게 나쁜지 설명해야 합니다. [주장 예문 1]

This leads to obesity and health problems in young people.
이것은 젊은 사람들에게 비만과 건강 문제를 야기합니다.

4. 마지막으로 실례를 들어 본인의 주장을 뒷받침하도록 합니다. [주장 예문 2]

In later life obese people suffer from many health problems such as heart attacks and diabetes.
노후에 비만인 사람들은 심장마비와 당뇨와 같은 많은 건강 문제로 고생합니다.

다음은 두 번째 이유를 생각하도록 합니다.

1. 이때 첫 문장과 연결하는 Additionally와 같은 어휘(링크 워드)를 사용하면 훨씬 매끄러운 문장을 만들 수 있습니다. [주장 제시]

   Additionally, there is too much violence on TV.
   게다가, 텔레비전에 많은 폭력 장면들이 있습니다.

2. 위의 주장이 왜 어린이들에게 나쁜 영향을 주는지에 대해 생각해야 합니다. [주장 이유]

   Children often mimic behaviour that they see.
   아이들은 종종 그들이 보는 행동을 모방합니다.

3. 위에 대한 예문을 제시하여 본인의 주장을 뒷받침합니다. [주장 예문]

   This will lead to society becoming more violent as some children will continue this behaviour into adulthood.
   이것은 사회를 더 폭력적으로 만들고 일부 어린이들은 이런 행동을 성년기까지 지속합니다.

위의 형식을 정리하면 다음과 같습니다.

주장 제시 → 주장 이유 → 주장 예문

가장 중요한 점은 본인이 주장하고자 하는 논점을 지지할 만한 이유를 들어야 합니다. 이유를 생각할 때 다음과 같은 사항을 고려합니다.

- 우선 어떤 관점을 선호하는지 생각한다.
- 다음은 왜 그것을 선호하는지 생각한다.
- 이렇게 생각하는 이유에 대한 예문을 든다.

다른 예제를 한 번 더 살펴봅시다.

Q. Do you think it is better to live in the city or the country?
당신은 도시에서 사는 것과 시골에서 사는 것 중 어느 것이 좋다고 생각합니까?

---

① I prefer to live in the country.
저는 시골에서 사는 것을 선호합니다.

② The country is much quieter than the city.
시골은 도시보다 훨씬 조용합니다.

③ I can relax in the countryside as there is much less stress.
저는 시골이 스트레스가 덜하기 때문에 편안할 수 있습니다.

④ As well as that, people look after each other more in the country.
게다가, 시골에서는 사람들이 서로를 더 잘 보살핍니다.

⑤ Country people care about the wellbeing of others.
시골 사람들은 다른 사람의 행복에 대해 관심을 갖습니다.

⑥ And you can never feel alone in the country.
당신은 시골에서 외로움을 느낄 수 없습니다.

파트 3는 연습할 상대가 필요합니다. 위의 형식에 따라서 역할 담당을 바꿔서 질문과 대답을 연습한다면, 문제 유형에도 익숙해질 뿐 아니라 논리 정연하게 답변을 할 수 있습니다. 특히 자신의 의견을 묻는 질문에는 본인의 의견을 확실하게 표현하도록 합니다. 시험관은 당신의 의견에 대한 평가를 하지 않으며 단지 의견을 영어로 말할 수 있는 능력을 확인하는 것이므로 두려워할 필요가 없습니다. 자신감을 갖고 이야기하도록 합니다.

대화를 매끄럽게 연결시켜주는 표현

파트 2와 파트 3에서 여러 가지 관점을 나열할 필요가 있습니다. 이런 관점들은 이야기의 매끄러운 흐름을 위해 연관성을 지녀야 합니다. 또한 순서에 의해 다음 구문을 이용하여 의견을 연결하여야 합니다.

1. 첫 번째 관점을 나타내는 표현
- Firstly 첫 번째로
- First 우선
- First of all 무엇보다도
- To start with ~로 시작하여
- To begin with ~로 시작하여
- My first point is 나의 첫 번째 관점은

2. 두 번째 관점을 나타내는 표현
- Then 그다음
- Secondly 두 번째로
- Next 다음은
- Additionally 추가적으로
- In Addition 게다가
- As well as that 그뿐 아니라
- Another reason is 다른 이유는
- Another point I would like to make is 제가 말하고 싶은 또 다른 점은
- On top of that 추가하여 말하자면

3. 마지막 관점을 나타내는 표현
- Finally 결과적으로
- Lastly 마지막으로
- In the end 끝으로

4. 특정 관점을 나타내는 표현
- The main point is 주요 관점은
- The most significant reason is 가장 중대한 이유는
- The most important point is 가장 중요한 관점은

5. 예시를 나타내는 표현

파트 2와 3에서 수험생이 주장하는 논점에 관한 실례를 들어 사실을 강조해야 할 필요가 있을 때 예문을 제시하는 것이 좋습니다. 위의 구문을 사용하여 예문을 구사하도록 합니다.

- For example 예를 들면
- For instance 예를 들면
- To give you an idea 생각을 제시하자면
- An example of this would be 이것에 대한 실례는 ~일 것입니다

6. 상반된 의견을 나타내는 표현

경우에 따라 상반된 의견에 관해 토론해야 합니다. 이때 위의 구문을 사용하여 하나의 의견과 그와 상반된 의견을 매끄럽게 연결하도록 합니다.

- On the other hand 다른 한편으로
- But then again 하지만 다시 말하자면
- Alternatively 한편으로
- However 하지만
- In the opposite view 반대 의견으로는
- Anyway 어쨌든

7. 번복을 나타내는 표현

실수를 하더라도 위의 구문을 사용하여 문장을 정정해도 좋습니다. 하지만 습관적으로 말을 번복하는 것은 삼가도록 합니다.

- What I meant was 제가 말하고자 했던 것은
- Let me put it another way 다른 방법으로 설명하자면
- What I mean is 제가 의미하는 것은
- What I'm saying is 제가 말한 것은
- Let me rephrase what I just said 내가 방금 말한 것을 다시 풀어서 말한다면

PART 2

PRACTICE TEST

IELTS PRACTICE TEST

SPEAKING

TEST 01

PART 1

1. How many people are there in your family?

2. Where does your family come from?

3. Do you get along well with your family?

4. Where does your family live now?

5. What sort of things do you like to do with your family?

6. Do you spend much time with your family?

PART 2

Describe a person you have met who has had a significant influence on your life.
You should say:

       Where you met that person

       When the meeting took place

       How it was that you met this person

And explain what it was about this person that has had such an influence on you.

PART 3

1. How have you tried to act as an influential person to others?

2. What role do you think that older people can play in a younger person's life?

3. Do you think that celebrities can be good role models?

4. Would you like to be famous?

5. If you became famous, what do you think would be the worst aspects of your fame?

6. What would you use your fame to try and accomplish?

PART 1

1. How many people are there in your family?

2. Where does your family come from?

3. Do you get along well with your family?

4. Where does your family live now?

5. What sort of things do you like to do with your family?

6. Do you spend much time with your family?

PART 2

Describe a person you have met who has had a significant influence on your life.
You should say:

Where you met that person

When the meeting took place

How it was that you met this person

And explain what it was about this person that has had such an influence on you.

1 Minute Notes 5W+1H+ETC

Where	
When	
Who	
What	
Why	
How	
Etc	

 PART 3

1. How have you tried to act as an influential person to others?

Stating your opinion _____

_____

The important reason _____

_____

Giving Example _____

_____

_____

2. What role do you think that older people can play in a younger person's life?

Stating your opinion _____

_____

The important reason _____

_____

Giving Example _____

_____

_____

3. Do you think that celebrities can be good role models?

Stating your opinion _____

_____

_____

The important reason _____

_____

_____

Giving Example _____

_____

_____

4. Would you like to be famous?

Stating your opinion _____

_____

_____

The important reason _____

_____

_____

Giving Example _____

_____

_____

5. If you became famous, what do you think would be the worst aspects of your fame?

Stating your opinion

The important reason

Giving Example

6. What would you use your fame to try and accomplish?

Stating your opinion

The important reason

Giving Example

IELTS PRACTICE TEST

SPEAKING

TEST 02

PART 1

1. Are you working or studying now?

2. How long have you worked there?

3. How long have you been studying?

4. What do you plan to do in the future?

5. Where did you go to school?

6. What was your favourite subject at school/university?

PART 2

> Talk about an aspect of your work experience which has been rewarding.
> You should say:
>   Where you were working
>   What your job was
>   Why you enjoyed the job
> And explain what it was about this aspect that you found so rewarding.

PART 3

1. What changes do you think will happen in the workplace in the future?

2. How do you feel about companies in your country moving their manufacturing operations to countries with cheaper labour?

3. Do you feel that long work hours affect family time?

4. What is your feeling about women in the workplace?

PART 1

1. Are you working or studying now?

2. How long have you worked there?

3. How long have you been studying?

4. What do you plan to do in the future?

_____
_____
_____
_____
_____

5. Where did you go to school?

_____
_____
_____
_____
_____

6. What was your favourite subject at school/university?

_____
_____
_____
_____
_____

PART 2

Talk about an aspect of your work experience which has been rewarding.
You should say:

      Where you were working

      What your job was

      Why you enjoyed the job

And explain what it was about this aspect that you found so rewarding.

1 Minute Notes   5W+1H+ETC

Where	
When	
Who	
What	
Why	
How	
Etc	

PART 3

1. What changes do you think will happen in the workplace in the future?

> Stating your opinion _____
>
> _____
>
> _____
>
> The important reason _____
>
> _____
>
> _____
>
> Giving Example _____
>
> _____
>
> _____

2. How do you feel about companies in your country moving their manufacturing operations to countries with cheaper labour?

> Stating your opinion _____
>
> _____
>
> _____
>
> The important reason _____
>
> _____
>
> _____
>
> Giving Example _____
>
> _____
>
> _____

3. Do you feel that long work hours affect family time?

Stating your opinion _____

_____

_____

The important reason _____

_____

_____

Giving Example _____

_____

_____

4. What is your feeling about women in the workplace?

Stating your opinion _____

_____

_____

The important reason _____

_____

_____

Giving Example _____

_____

_____

IELTS PRACTICE TEST

SPEAKING

TEST 03

PART 1

1. Where do you live?

2. Who do you live with?

3. How many rooms do you have?

4. Which is your favourite room?

5. What do you like about the area you live in?

PART 2

Describe a celebration in which you were involved.
You should say:

What the celebration was

When it happened

Why it was held

And explain how the celebration was conducted.

PART 3

1. What have been the changes in birthday celebrations in your country over time?

2. How do you think "consumerism" has affected birthdays?

3. What role does religion play in your life?

4. How important are religious celebrations to you?

PART 1

1. Where do you live?

_____

_____

_____

_____

2. Who do you live with?

_____

_____

_____

_____

3. How many rooms do you have?

_____

_____

_____

_____

4. Which is your favourite room?

5. What do you like about the area you live in?

PART 2

> Describe a celebration in which you were involved.
> You should say:
>   What the celebration was
>   When it happened
>   Why it was held
> And explain how the celebration was conducted.

1 Minute Notes   5W+1H+ETC

Where	
When	
Who	
What	
Why	
How	
Etc	

PART 3

1. What have been the changes in birthday celebrations in your country over time?

Stating your opinion _____

_____

The important reason _____

_____

Giving Example _____

_____

_____

2. How do you think "consumerism" has affected birthdays?

Stating your opinion _____

_____

The important reason _____

_____

Giving Example _____

_____

_____

3. What role does religion play in your life?

Starting your opinion _____

_____

_____

The important reason _____

_____

_____

Giving Example _____

_____

_____

4. How important are religious celebrations to you?

Starting your opinion _____

_____

_____

The important reason _____

_____

_____

Giving Example _____

_____

_____

IELTS PRACTICE TEST

SPEAKING

TEST 04

PART 1

1. What is your favourite hobby?

2. Do many people in your country have the same hobby?

3. Do you think your hobby is expensive?

4. How did you become interested in your hobby?

5. How much time do you spend on your hobby?

PART 2

Describe the house where you live.
You should say:
  What type of house you live in
  Why you chose to live this area
  What the features of the place you live in are
And describe the neighbourhood.

PART 3

1. How do you feel population changes in your country will affect the housing market?

2. What do you think the biggest changes have been to houses built in your country over the last 50 years?

3. What effect do you think parks and trees have on a neighbourhood?

4. How can cities and countries balance the needs of the environment with the needs of people?

PART 1

1. What is your favourite hobby?

2. Do many people in your country have the same hobby?

3. Do you think your hobby is expensive?

4. How did you become interested in your hobby?

_____

_____

_____

_____

_____

5. How much time do you spend on your hobby?

_____

_____

_____

_____

_____

PART 2

> Describe the house where you live.
> You should say:
>
>> What type of house you live in
>>
>> Why you chose to live this area
>>
>> What the features of the place you live in are
>
> And describe the neighbourhood.

1 Minute Notes ⫶ 5W+1H+ETC

Where	
When	
Who	
What	
Why	
How	
Etc	

PART 3

1. How do you feel population changes in your country will affect the housing market?

Stating your opinion _____

_____

_____

The important reason _____

_____

_____

Giving Example _____

_____

_____

2. What do you think the biggest changes have been to houses built in your country over the last 50 years?

Stating your opinion _____

_____

_____

The important reason _____

_____

_____

Giving Example _____

_____

_____

3. What effect do you think parks and trees have on a neighbourhood?

Stating your opinion _____

_____

_____

The important reason _____

_____

_____

Giving Example _____

_____

_____

4. How can cities and countries balance the needs of the environment with the needs of people?

Stating your opinion _____

_____

_____

The important reason _____

_____

_____

Giving Example _____

_____

_____

IELTS PRACTICE TEST

SPEAKING

TEST 05

PART 1

1. Do you like traveling?

2. Where did you go for your most recent holiday?

3. What did you do during your holiday?

4. Where would you like to go for your next holiday?

5. What place would you recommend overseas tourists visit in your town?

PART 2

Talk about English study.
You should say:
      How long you have been studying English
      What do you think the best way to learn English is
      Why you feel you need to learn English
And explain how you plan to use English.

PART 3

1. Do you feel that English will remain the most common second language into the future?

2. What are the benefits of learning English as opposed to Chinese or Japanese?

3. What difficulties do you think there are in learning English?

4. What do you think could improve the performance of people learning English as a second language?

5. What English words have become part of your local language?

6. Do you think that the addition of English phrases to your language has a negative impact on your native language?

PART 1

1. Do you like traveling?

2. Where did you go for your most recent holiday?

3. What did you do during your holiday?

4. Where would you like to go for your next holiday?

_____
_____
_____
_____
_____

5. What place would you recommend overseas tourists visit in your town?

_____
_____
_____
_____
_____

PART 2

> Talk about English study.
> You should say:
>> How long you have been studying English
>> What do you think the best way to learn English is
>> Why you feel you need to learn English
> And explain how you plan to use English.

1 Minute Notes ⟨⟩ 5W+1H+ETC

Where	
When	
Who	
What	
Why	
How	
Etc	

PART 3

1. Do you feel that English will remain the most common second language into the future?

Stating your opinion _____

_____

_____

The important reason _____

_____

_____

Giving Example _____

_____

_____

2. What are the benefits of learning English as opposed to Chinese or Japanese?

Stating your opinion _____

_____

_____

The important reason _____

_____

_____

Giving Example _____

_____

_____

3. What difficulties do you think there are in learning English?

Stating your opinion _____

_____

_____

The important reason _____

_____

_____

Giving Example _____

_____

_____

4. What do you think could improve the performance of people learning English as a second language?

Stating your opinion _____

_____

_____

The important reason _____

_____

_____

Giving Example _____

_____

_____

5. What English words have become part of your local language?

> Stating your opinion _____
> _____
> _____
>
> The important reason _____
> _____
> _____
>
> Giving Example _____
> _____
> _____

6. Do you think that the addition of English phrases to your language has a negative impact on your native language?

> Stating your opinion _____
> _____
> _____
>
> The important reason _____
> _____
> _____
>
> Giving Example _____
> _____
> _____

IELTS PRACTICE TEST

SPEAKING

TEST 06

PART 1

1. What type of things do you like to do with your friends?

2. Do you prefer to have lots of friends or just a few close friends?

3. What do you think is the best quality a friend can have?

4. What do you like to talk about with your friends?

5. How often do you meet with your friends?

PART 2

Talk about an electronic device that you use.
You should say:
    What it is
    What advantages it has
    What disadvantages it has
And describe how you use the electronic device.

PART 3

1. What functions do you think future mobile phones will have?

2. Do you feel that all these additional functions would be useful for you?

3. Do you think that society is too obsessed with material possessions?

4. What do you think could be the effects of society becoming too materialistic?

PART 1

1. What type of things do you like to do with your friends?

2. Do you prefer to have lots of friends or just a few close friends?

3. What do you think is the best quality a friend can have?

4. What do you like to talk about with your friends?

_____

_____

_____

_____

_____

5. How often do you meet with your friends?

_____

_____

_____

_____

_____

PART 2

> Talk about an electronic device that you use.
> You should say:
>   What it is
>   What advantages it has
>   What disadvantages it has
> And describe how you use the electronic device.

1 Minute Notes 5W+1H+ETC

Where	
When	
Who	
What	
Why	
How	
Etc	

PART 3

1. What functions do you think future mobile phones will have?

Stating your opinion _____

_____

_____

The important reason _____

_____

_____

Giving Example _____

_____

_____

2. Do you feel that all these additional functions would be useful for you?

Stating your opinion _____

_____

_____

The important reason _____

_____

_____

Giving Example _____

_____

_____

3. Do you think that society is too obsessed with material possessions?

Stating your opinion _____

_____

_____

The important reason _____

_____

_____

Giving Example _____

_____

_____

4. What do you think could be the effects of society becoming too materialistic?

Stating your opinion _____

_____

_____

The important reason _____

_____

_____

Giving Example _____

_____

_____

IELTS PRACTICE TEST

SPEAKING

TEST 07

PART 1

1. Can you give an example of a popular national festival in your country?

2. What do you like to do for the festival?

3. Do people dress up for the occasion?

4. Are the streets decorated for the festival?

5. Does your family do anything special for the holiday?

PART 2

Talk about transport.
You should say:
       What kind of transport you most commonly use
       How often you use this form of transport
       What the advantages and disadvantages of this type of transport are

PART 3

1. What are the advantages/disadvantages to using public transport?

2. Do you think a large public transport system is of value to a city?

3. What are the negative aspects of large numbers of cars in a town/city?

4. What do you suggest would help convince more people out of their cars and into public transport?

5. Some cities have blocked the use of cars in their central shopping area. What are your feelings about this?

PART 1

1. Can you give an example of a popular national festival in your country?

2. What do you like to do for the festival?

3. Do people dress up for the occasion?

4. Are the streets decorated for the festival?

_____

_____

_____

_____

_____

5. Does your family do anything special for the holiday?

_____

_____

_____

_____

_____

PART 2

Talk about transport.

You should say:

What kind of transport you most commonly use

How often you use this form of transport

What the advantages and disadvantages of this type of transport are

1 Minute Notes :: 5W+1H+ETC

Where	
When	
Who	
What	
Why	
How	
Etc	

PART 3

1. What are the advantages/disadvantages to using public transport?

Stating your opinion _____

_____

_____

The important reason _____

_____

_____

Giving Example _____

_____

_____

2. Do you think a large public transport system is of value to a city?

Stating your opinion _____

_____

_____

The important reason _____

_____

_____

Giving Example _____

_____

_____

3. What are the negative aspects of large numbers of cars in a town/city?

Stating your opinion _____

_____

_____

The important reason _____

_____

_____

Giving Example _____

_____

_____

4. What do you suggest would help convince more people out of their cars and into public transport?

Stating your opinion _____

_____

_____

The important reason _____

_____

_____

Giving Example _____

_____

_____

5. Some cities have blocked the use of cars in their central shopping area. What are your feelings about this?

Stating your opinion _____

_____

_____

The important reason _____

_____

_____

Giving Example _____

_____

_____

IELTS PRACTICE TEST

SPEAKING

TEST 08

PART 1

1. What is your favourite food?

2. Is it homemade or bought from a store?

3. How often do you eat it?

4. Do you eat out often?

5. Where do you like to go when you eat out?

PART 2

Describe one of your sports or hobbies.
You should say:
    What it is
    When you started doing it
    How often you do it
    Why you chose it

PART 3

1. Do you believe that Physical Education should be given the same importance as academic subjects at schools?

2. What would you suggest is the best way to get young people more active and participating in sport?

3. What benefits do you think sports teams/clubs bring to the community?

4. Why do you think many people follow sports passionately?

5. What is your opinion on the salaries paid to professional sports people?

PART 1

1. What is your favourite food?

2. Is it homemade or bought from a store?

3. How often do you eat it?

4. Do you eat out often?

5. Where do you like to go when you eat out?

PART 2

Describe one of your sports or hobbies.

You should say:

What it is

When you started doing it

How often you do it

Why you chose it

1 Minute Notes   5W+1H+ETC

Where	
When	
Who	
What	
Why	
How	
Etc	

PART 3

1. Do you believe that Physical Education should be given the same importance as academic subjects at schools?

Stating your opinion _____

_____

_____

The important reason _____

_____

_____

Giving Example _____

_____

_____

2. What would you suggest is the best way to get young people more active and participating in sport?

Stating your opinion _____

_____

_____

The important reason _____

_____

_____

Giving Example _____

_____

_____

3. What benefits do you think sports teams/clubs bring to the community?

Stating your opinion _____

_____

_____

The important reason _____

_____

_____

Giving Example _____

_____

_____

4. Why do you think many people follow sports passionately?

Stating your opinion

_____

_____

_____

The important reason

_____

_____

_____

Giving Example

_____

_____

_____

5. What is your opinion on the salaries paid to professional sports people?

Stating your opinion

_____

_____

_____

The important reason

_____

_____

_____

Giving Example

_____

_____

_____

IELTS PRACTICE TEST

SPEAKING

TEST 09

PART 1

1. What type of music do you enjoy?

2. Why do you like it?

3. What type of music is popular in your country?

4. Have you learned to play an instrument?

5. Did you enjoy playing it?

PART 2

Describe whether you think digital books will ever replace paper.
You should say:
      What the advantages of digital books are
      What the advantages of books on paper are
      What your preference is and why

PART 3

1. What changes do you think the internet has made to your life?

2. How do you think the internet will change the world in the future?

3. Movie, TV and record companies complain that the internet is ruining their business. How would you suggest they harness the internet to improve their business?

4. In some countries several webpages are blocked, how do you feel about internet censorship?

5. What is your opinion about blogs (Internet diaries)? Is that something you would ever be interested in?

PART 1

1. What type of music do you enjoy?

2. Why do you like it?

3. What type of music is popular in your country?

4. Have you learned to play an instrument?

5. Did you enjoy playing it?

PART 2

Describe whether you think digital books will ever replace paper.
You should say:

        What the advantages of digital books are

        What the advantages of books on paper are

        What your preference is and why

1 Minute Notes 5W+1H+ETC

Where	
When	
Who	
What	
Why	
How	
Etc	

PART 3

1. What changes do you think the internet has made to your life?

Stating your opinion _____

_____

The important reason _____

_____

Giving Example _____

_____

2. How do you think the internet will change the world in the future?

Stating your opinion _____

_____

The important reason _____

_____

Giving Example _____

_____

3. Movie, TV and record companies complain that the internet is ruining their business. How would you suggest they harness the internet to improve their business?

Stating your opinion _____

_____

_____

The important reason _____

_____

_____

Giving Example _____

_____

_____

4. In some countries several webpages are blocked, how do you feel about internet censorship?

Stating your opinion _____

_____

_____

The important reason _____

_____

_____

Giving Example _____

_____

_____

5. What is your opinion about blogs (Internet diaries)? Is that something you would ever be interested in?

Stating your opinion _____

_____

The important reason _____

_____

Giving Example _____

_____

_____

IELTS PRACTICE TEST

SPEAKING

TEST 10

PART 1

1. What electronic device could you not live without?

2. When do you usually use it?

3. How often do you use it?

4. What are its best features?

5. Do you plan to replace it with a newer model soon?

PART 2

Describe your favourite food.
You should say:
>   What it is
>   How you cook / make it
>   Can you cook or make it by yourself
And you explain about the main ingredients.

PART 3

1. Do you prefer to eat out or eat at home? Explain the reason why.

2. How have cooking methods changed in your country between the ways your parents prepared and cooked food and how you prepare and cook food?

3. What do you think of the explosion in the number of fast food outlets? Why do you think this?

4. Why do you think people choose to eat fast food?

5. What can be done to limit the negative impacts of fast food?

PART 1

1. What electronic device could you not live without?

2. When do you usually use it?

3. How often do you use it?

4. What are its best features?

5. Do you plan to replace it with a newer model soon?

PART 2

Describe your favourite food.
You should say:
   What it is
   How you cook/make it
   Can you cook or make it by yourself
And you explain about the main ingredients.

1 Minute Notes   5W+1H+ETC

Where	
When	
Who	
What	
Why	
How	
Etc	

PART 3

1. Do you prefer to eat out or eat at home? Explain the reason why.

Stating your opinion _____

_____

_____

The important reason _____

_____

_____

Giving Example _____

_____

_____

2. How have cooking methods changed in your country between the ways your parents prepared and cooked food and how you prepare and cook food?

Stating your opinion _____

_____

_____

The important reason _____

_____

_____

Giving Example _____

_____

_____

3. What do you think of the explosion in the number of fast food outlets? Why do you think this?

Stating your opinion _____

_____

_____

The important reason _____

_____

_____

Giving Example _____

_____

_____

4. Why do you think people choose to eat fast food?

Stating your opinion _____

_____

_____

The important reason _____

_____

_____

Giving Example _____

_____

_____

5. What can be done to limit the negative impacts of fast food?

Stating your opinion _____
_____
_____

The important reason _____
_____
_____

Giving Example _____
_____
_____

ALL ABOUT IELTS [SPEAKING]

PART ③

정답 및 해설

IELTS PRACTICE TEST 01

PART 1

1. How many people are there in your family?
당신 가족은 몇 명입니까?

> ### Model Answer
I have one sister who is younger than me. I live with my mother and father.
저보다 어린 여동생이 한 명 있습니다. 엄마와 아빠와 함께 살고 있습니다.

> ### High-level Answer
There are four people in my family, my husband and two children, a girl aged 6 and a boy aged 2.
우리 가족은 4명입니다. 남편과 아이들 둘이 있는데, 딸애는 6살, 사내아이는 2살입니다.

2. Where does your family come from?
가족들은 어디 출신입니까?

> ### Model Answer
My family comes from Pyeongtaek. I was born there and have lived there my whole life.
저희 가족들은 평택 출신입니다. 저는 거기에서 태어나서 일생 동안 거기에서 살아왔습니다.

3. Do you get along well with your family?
가족들과 사이가 좋은가요?

> ### Model Answer
Sometimes I do, my mum is a bit bossy and my sister is often very annoying. She sometimes ignores my feelings.
가끔은 그렇습니다. 엄마는 약간 주도적이고 여동생은 가끔 귀찮기도 합니다. 그녀는 때때로 나의 기분을 무시합니다.

4. Where does your family live now?

지금 어디에 살고 있습니까?

> **Model Answer**

We have a house in Doksan dong in Seoul. It is near to my husband's work and very convenient for schools and shopping.

저희 집은 서울 독산동에 있습니다. 남편의 직장과 가깝고 학교와 쇼핑이 매우 편리합니다.

5. What sort of things do you like to do with your family?

가족들과 함께 무엇을 하는 것을 좋아합니까?

> **Model Answer**

When we have some spare time, our family go to the bathhouse and relax in the sauna. Unfortunately we don't do this often as we are very busy.

여가시간이 있을 때, 우리 가족은 공중목욕탕에 가서 사우나에서 휴식을 취합니다. 아쉽게도 바쁘기 때문에 자주 이렇게 하지 못합니다.

> **High-level Answer**

Usually on the weekends, my husband and I take our children to the park. The children like to play on the swings and I can relax after a busy week.

보통 주말이면, 남편과 나는 아이들을 데리고 공원에 갑니다. 아이들은 그네 타는 것을 좋아하고 나는 분주한 한 주를 보낸 후 휴식을 갖습니다.

6. Do you spend much time with your family?

많은 시간을 가족과 보냅니까?

> **Model Answer**

Nowadays I don't spend much time with my family because I am studying or out with my friends. Sometimes I like to talk with my dad or my mum but we don't get to spend a lot of time together.

요즈음 저는 공부를 하거나 친구들과 외출을 하기 때문에 가족들과 많은 시간을 보내지 못합니다. 때때로, 저는 아빠 혹은 엄마와 이야기하는 것을 좋아하지만 함께 많은 시간을 보내지 않습니다.

> **High-level Answer**

Unfortunately, I don't get to spend much time with my husband as he is often working. However I do spend a lot of time with my son, who needs lots of attention because he is very young.

안타깝게도, 남편이 종종 일을 해서 그와 함께 많은 시간을 보내지 못합니다. 하지만 아이가 어리기 때문에 많이 돌봐줘야 하는 아들과 많은 시간을 보냅니다.

Describe a person you have met who has had a significant influence on your life.
You should say:

Where you met that person

When the meeting took place

How it was that you met this person

And explain what it was about this person that has had such an influence on you.

당신이 만난 사람 중 당신의 인생에 중대한 영향을 미쳤던 분에 대해 말하시오.
당신은 다음 사항을 말해야 합니다.

그 사람을 만난 곳

만남이 언제 일어났는지

그 사람을 어떻게 만나게 되었는지

그 사람이 어떻게 당신에게 영향을 미쳤는지에 대해 말하시오.

Model Answer

1 Minute Notes : 5W+1H+ETC

Where	Clothes shop 옷 가게에서
When	Interview day 면접 날
Who	Mrs. Jang Mrs. 장
What	Taught about dealing with customers 고객을 관리하는 방법을 알려주었습니다.
Why	
How	Applied for job 직업을 구하느라고
Etc	Mrs. Jang was kind and had a gentle voice. Mrs.장은 친절하고 상냥한 목소리를 가졌습니다.

That is a good question. I think the person who has influenced me the most is Mrs. Jang. She was my first boss. I worked in her clothes store while I was in college.

I met Mrs. Jang when I went for an interview. When she was interviewing me, I felt very nervous. Mrs. Jang was very kind and had a gentle voice. She advised me to relax. Her kind manner made me feel comfortable. I performed well in the interview because she did not intimidate me.

When I was at school I wanted to earn some money. I asked my father for his opinion. He suggested that I should get a weekend job. I like clothes so I applied for a position in a clothes store. The shop owner thought I might be suitable for the job. She phoned me and asked me to come in for an interview.

Mrs. Jang was a good influence on me because she taught me a lot. She showed me how to look after customers. I watched her talking to them and learned from her. She advised me how I should try to make a sale. I became friends with Mrs. Jang. When I was ready to go to university she gave me advice. I was very sad to leave the shop but Mrs. Jang wished me good luck. She gave me the confidence to deal with others. Also she is someone I want to be like.

좋은 질문입니다. 나에게 가장 큰 영향을 미친 사람은 Mrs. 장이라고 생각합니다. 그녀는 나의 첫 번째 사장님이었습니다. 고등학교 시절에 나는 그녀의 옷가게에서 일했습니다.

나는 Mrs. 장을 면접보러 갔을 때 만났습니다. 그녀가 나를 면접을 했을 때 나는 매우 당황했었습니다. 그녀는 매우 친절했고 부드러운 목소리를 갖고 있었습니다. 그녀는 나에게 긴장을 풀라고 충고했었습니다. 그녀의 상냥한 태도가 나를 편하게 하였습니다. 나는 그녀가 편안하게 해 주어서 면접을 잘 치렀습니다.

나는 학창 시절에 돈을 벌고 싶었습니다. 나는 아버지에게 의견을 물었습니다. 그는 내가 주말에 일을 갖도록 제안했습니다. 나는 옷을 좋아해서 의류 상점의 일자리를 지원했습니다. 가게 주인은 내가 그 일에 적당하리라 생각했습니다. 그녀가 나에게 전화를 해서 면접을 보러 오라고 했습니다.

Mrs. 장은 나에게 많은 것을 가르치며 나에게 좋은 영향을 끼쳤던 사람입니다. 그녀는 고객을 관리하는 방법을 보여주었습니다. 그녀가 그들과 이야기를 하는 것을 지켜보면서 그녀로부터 배웠습니다. 그녀는 판매하는 방법을 알려주었습니다. 나는 Mrs. 장과 친구가 되었습니다. 내가 대학에 진학할 때 그녀는 조언을 해주었습니다. 내가 가게를 떠나게 되어 매우 슬펐지만 Mrs. 장은 나에게 행운을 빌었습니다. 그녀는 내가 다른 사람들을 사귀는데 자신감을 갖게 했습니다. 또한 그녀는 내가 되고 싶은 사람이기도 합니다.

1 Minute Notes : 5W+1H+ETC

Where	Primary School 나는 초등학교에서 이 분을 만났습니다.
When	I was 8 years old 내가 8살이었을 때 입니다.
Who	Mr. Park, my first teacher at my new school 박 선생님은 나의 새 학교에서 첫 번째 선생님입니다.
What	He recognized that I wasn't doing so well at school. 그 분은 내가 학교에서 잘 지내지 못한다는 것을 알았습니다.
Why	He got me interested in school again. 그 분은 내가 학교생활에 다시 흥미를 갖게 해주셨습니다.
How	He found some books I might like. 그는 내가 좋아할 것이라 생각 드는 책 몇 권을 찾았습니다.
Etc	I went on to do well at school and university. 나는 학교와 대학교를 잘 보냈습니다.

A person who has had a significant influence on my life is my fourth grade teacher. I met this person on the first day at my new primary school after my parents moved to a new area. The new school was in a rural town and was much different to what I was used to.

I met him when I was 8 years old. At that time I had low self-esteem and very little interest in school work. On top of that I was also at a new school where I did not know anybody so I was very vulnerable.

My father had to move to a different place in order to receive a promotion in his career. The rest of my family shifted with him. Therefore I had to attend the local primary school. This is how I came to meet my fourth grade teacher, Mr. Park.

Mr. Park recognized that I should have been performing better at school than I was, as he spent some time listening to my reading. So he found several books he thought I would like and asked me to read them. This got me interested in school life again and this had a positive effect on my marks. I have since gone on to complete University and enter the workforce. I really appreciated his help when I was struggling and I have him to thank for where I am today.

나의 인생에서 중대한 영향을 미쳤던 분은 4학년 때 선생님입니다. 나는 그분을 우리 부모님이 새로운 지역으로 이사한 후 새 초등학교의 등교 첫날에 만났습니다. 새 학교는 시골에 있었고 내가 지냈던 곳과는 많이 달랐습니다.

나는 그분을 8살 때 만났습니다. 그 당시 나는 자신감이 없고 학교 수업에 관심이 없었습니다. 게다가 아는 사람이 아무도 없는 새 학교라서 나는 매우 나약했었습니다.

나의 아버지는 직장에서 승진이 보장되는 다른 지역으로 이사해야만 했었습니다. 우리 가족은 함께 이사했습니다. 그래서 나는 지방 초등학교에 다녀야만 했습니다. 이렇게 해서 나는 4학년 선생님인 박 선생님을 만나게 되었습니다.

박 선생님께서는 내가 읽는 것을 들어보시고는, 나의 학업성취도가 실제 내가 이룬 것보다 더 잘했어야 했다는 것을 알게 되셨습니다. 그래서 그는 내가 좋아할 것이라 생각이 드는 몇 권의 책을 찾아서 나에게 그 책들을 읽으라고 했습니다. 이래서 나는 다시금 학교생활에 관심을 갖게 되었고 나의 성적에 긍정적인 결과를 가져왔습니다. 그 이후에 대학교를 마치게 되었고 직업전선에 뛰어들었습니다. 나는 내가 힘들 때 주신 그의 도움에 진정으로 감사드리며 그분의 도움으로 오늘 내가 여기에 있게 되었습니다.

1. How have you tried to act as an influential person to others?
   당신은 타인에게 영향력 있는 사람으로 행동하려고 한 적이 있습니까?

Model Answer

I feel it is important to follow my morals. I have strong moral beliefs. I believe that people should be treated equally. I treat people fairly so they ask me for advice. I listen to their opinions. Then I try to help people. It is important to listen to people. People don't like being ordered around. They prefer if other people respect them. I respect other people so they respect me. Because people respect me I can be a role model for others.

나는 도덕적 가치에 따르는 것이 중요하다고 생각합니다. 나는 강한 도덕적 신념이 있습니다. 사람들이 평등하게 대해져야 한다고 믿습니다. 나 역시 사람들을 공정하게 대하므로 그들이 나에게 조언을 구합니다. 나는 그들의 의견을 듣습니다. 그런 후에 사람들을 도우려고 노력합니다. 다른 사람의 의견을 듣는 것은 매우 중요합니다. 사람들은 명령 받기를 좋아하지 않습니다. 그들은 다른 사람들이 그들을 존중하기를 더 원합니다. 내가 다른 사람을 존중하기 때문에 그들도 나를 존중합니다. 왜냐하면 사람들이 나를 존중하기 때문에 내가 그들에게 좋은 본보기가 될 수 있습니다.

High-level Answer

I have tried to show others the best way to be by treating everybody with respect. People may look different and believe different things but underneath it all most people all have similar goals in life, namely a comfortable and safe life for them and their children. By listening to others and absorbing some of their ideas and speaking to them as an equal no matter what walk of life they come from, I can then build a rapport with others and show them a good example of how to live.

나는 모든 사람을 존중함으로써 다른 사람에게 모범을 보이려고 노력해왔습니다. 사람들마다 생김새가 다르고 서로 다른 것을 믿지만, 그 이면에는 대부분 사람들이 인생에 있어 유사한 목표, 즉 자신과 자녀들의 안락함과 안전한 삶을 추구하고 있다고 믿습니다. 타인에게 귀를 기울이고 그들의 생각을 받아들이며, 그들의 걸어온 삶이 어떻든지 상관없이, 동등하게 그들과 대화함으로써, 나는 다른 사람들과 신뢰를 형성하고 어떻게 살아야 하는지의 좋은 본보기를 그들에게 보여 줄 수 있습니다.

2. **What role do you think that older people can play in a younger person's life?**
연장자가 젊은이의 인생에 어떤 역할을 할 수 있다고 생각합니까?

Model Answer

I think that older people can be very important. Teenagers don't always know what to do with their life. Older people have already passed their teenage years. They can tell young people about their experiences. Sometimes, younger people need somebody to talk to. They don't know what choices to make. Older people can listen to them. They can help them make the right choices. Older people can help young people find a job. Older people have more contacts. They might know somebody who is looking for staff. Children usually copy their parent's behaviour. Therefore parents must behave like responsible adults.

나는 연장자들이 매우 중요할 수 있다고 생각합니다. 십대들은 항상 그들의 생활을 어떻게 해야 할지 모릅니다. 나이 든 분들은 이미 십대를 경험했습니다. 그들은 젊은 사람들에게 그들의 경험을 말해 줄 수 있습니다. 가끔 젊은이들은 대화할 상대가 필요합니다. 그들은 어떤 선택을 해야 하는지 모릅니다. 연장자들은 그들의 이야기를 들어 줄 수 있습니다. 그들은 젊은이들이 올바른 결정을 하도록 도울 수 있습니다. 연장자들은 젊은이들이 직업을 구하는 것도 도울 수 있습니다. 연장자들이 더 많은 연줄을 가지고 있습니다. 그들은 직원을 구하려는 사람들을 알 수도 있습니다. 아이들은 보통 그들의 부모의 행위를 따라 합니다. 그러므로 부모님들은 책임감 있는 성인으로서 행동해야만 합니다.

High-level Answer

I think that role models are very important for young people. Children and teenagers are very impressionable and will look to others around them to give them guidance on how a responsible adult should behave. Therefore, it is imperative that what they observe is appropriate behaviour. Teenagers especially need guidance as they are on the verge of becoming an adult and often attempt to assert their independence by ignoring and barely speaking to their parents. Often they feel uncomfortable about talking to their parents at this stage for fear of judgment on their behaviour. In this situation, it is incredibly valuable for teenagers if they have an adult who they can turn to and discuss their issues.

나는 젊은이들에게 본보기가 중요하다고 생각합니다. 어린이들과 청소년들은 영향을 받기 쉬워 그들 주변의 다른 사람들을 보면서 책임 있는 어른이 어떻게 행동해야 하는지 지침을 갖게 됩니다. 그러므로 그들이 올바른 행동을 관찰하는 것은 중요합니다. 청소년들은 곧 성인이 되는 시기여서 종종 부모를 무시하거나 부모와 대화를 거의 하지 않음으로써 자신들의 자립심을 나타내려고 하기 때문에, 그들은 특히 지도가 필요합니다. 이 시기에는 흔히 자신들의 행동을 비판 받는 것이 두려워 부모에게 말하는 것을 불편해 합니다. 이런 경우 청소년들에겐 믿고 문제를 의논할 수 있는 성인이 있다는 것은 매우 가치 있는 일입니다.

3. Do you think that celebrities can be good role models?

유명인사가 좋은 본보기가 된다고 생각합니까?

I don't think celebrities are good role models. Sometimes their behaviour is not good. Often they behave irresponsibly. Celebrities have too many parties and don't worry about money. Therefore it would be bad if our children tried to be like them. Parties and spending lots of money are not like real life. It is bad if children and teenagers copy star's shopping habits. They could spend all of their parent's money, but the child does not realize that money has to be earned. They will have trouble when they become adults.

나는 유명인사들이 좋은 본보기가 된다고 생각하지 않습니다. 때때로 그들의 행동은 올바르지 않습니다. 종종 책임감 없이 행동합니다. 유명인사들은 너무 많은 파티를 하며 돈에 대한 걱정을 하지 않습니다. 그러므로 아이들이 그들처럼 하려고 하는 것은 좋지 못합니다. 파티와 많은 돈을 낭비하는 것은 실제 생활과 같지 않습니다. 아이들과 청소년들이 스타들의 쇼핑 습관을 모방하는 것은 나쁩니다. 그들은 부모의 돈을 모두 쓰게 되겠지만, 돈을 벌어야만 한다는 것을 인식하지 못합니다. 그들이 어른이 되었을 때 문제가 될 것입니다.

Celebrities in general are very poor role models for young people. Often the celebrity has lacked a guide while growing up (especially former child stars) and consequently gets out of control when confronted with large amounts of money and access to the party lifestyle. It is not uncommon for a celebrity to commit suicide when faced with the constant scrutiny of the media, in this situation they would be a disastrous role model for a child, as this is not behaviour that should be emulated.

일반적으로 유명인사들은 젊은 사람들에게 형편없는 본보기가 됩니다. 종종 유명인사는 성장하는 동안 지도가 충분하지 않아(특히 전직 어린이 스타들 경우) 결과적으로 막대한 돈과 파티 생활을 만나면 통제력을 잃습니다. 유명인사가 매스컴의 지속적인 감시에 시달리다가 자살을 하는 것은 흔한 일이며, 이것은 어린이들이 흉내 내서는 안될 행동이므로, 이러한 경우 그들은 불운한 본보기가 됩니다.

4. Would you like to be famous?

당신은 유명해지고 싶습니까?

Model Answer

I would not like to be famous. There is too much pressure on famous people. Everything they do is in newspapers and magazines. I certainly don't want other people reading about my life.

나는 유명해지고 싶지 않습니다. 유명한 사람들에게 많은 부담이 있습니다. 그들이 하는 모든 일들이 신문과 잡지에 실립니다. 나는 정말로 다른 사람들이 나의 일상에 대해 읽는 것을 원하지 않습니다.

High-level Answer

I personally wouldn't like to be famous, as the idea does not appeal to me. I think that a person needs to have a very oversized ego to desire fame. In the end fame is often fleeting as new celebrities replace the old so I don't think it is worth the hassle.

유명해지는 것에 관심이 없어서, 개인적으로 나는 유명해지고 싶지 않습니다. 명성을 쫓기 위해선 아주 강한 자아가 필요하다고 생각합니다. 결국에 명성은 흔히 아주 빨리 지나가서 새로운 유명인사가 오래된 인사들을 대체하게 되므로, 그것은 애쓸 가치가 없다고 생각합니다.

5. If you became famous, what do you think would be the worst aspects of your fame?

만약 당신이 유명해진다면 명성의 최대 단점이 무엇이라고 생각합니까?

Model Answer

Certainly the worst part would be losing privacy. Everybody would be reading about me. People with cameras would follow me. If I went shopping there would be photographers. People would want to know if I was getting married. Then they would gossip about my partner. Also they would gossip about me. People will believe the gossip even if it is not true. This would be too much pressure. It would drive me crazy.

확실히 가장 나쁜 점은 사생활을 잃어버리는 것입니다. 모든 사람들이 나에 대해 읽을 것입니다. 카메라를 가진 사람들이 나를 쫓아다니게 될 것입니다. 만일 내가 쇼핑을 간다면 사진을 찍는 사람들이 있을 것입니다. 내가 결혼을 할지 사람들은 알고 싶어할 것입니다. 그런 후에 그들은 나의 파트너에 대해 이야기할 것입니다. 또한 그들은 나에 대해서도 말을 합니다. 비록 사실이 아니더라도 그들은 소문을 믿게 됩니다. 이것은 많은 부담감이 있을 것입니다. 나를 미치게 할 것입니다.

High-level Answer

I think that the worst thing about fame is the lack of privacy. Every small aspect of a celebrity's life is subject to intense media scrutiny and this pressure can often be a serious problem. I don't think I would like being consistently photographed while trying to get on with my daily life and I certainly don't think I could stand a media furore over whether I had gained a few kilograms or whether my hair was out of place. I can't quite understand how that is important information to some people, my only guess is that people feel they know the famous person because they have read about them in magazines.

나는 명성이 무엇보다도 나쁜 점은 개인생활이 없다는 것입니다. 유명인사의 소소한 생활까지 매스컴의 첨예한 관심사가 되는데 이런 압력은 종종 심각한 문제가 될 수 있습니다. 나는 내가 일상생활을 하는 동안 지속적으로 사진 거리가 되는 싶지 않으며, 내가 몇 킬로 체중이 불거나 머리가 헝클어지는 것에 대한 매스컴의 소동을 분명 견디기 어려울 거라고 생각합니다. 나는 이런 것들이 어떻게 일부 사람들에게 중요한 정보가 되는지 이해가 되지 않는데, 단지 추측하건대 사람들이 잡지에서 그들에 대해 읽었기 때문에 유명한 사람들을 안다고 느끼는 것 같습니다.

6. What would you use your fame to try and accomplish?

당신의 명성을 이용하여 무엇을 성취하고 싶습니까?

People can use their fame for good things too. Lots of charities need help. I would donate some of my money to charity. I would also help to raise money for charity. Maybe, if I become famous throughout the world, I can help Korea. I could promote Korea overseas. I could tell people about my country. Then maybe they would want to come and visit.

사람들은 그들의 명성을 좋은 일을 위해서도 사용할 수 있습니다. 많은 자선단체들이 도움을 필요로 합니다. 나는 자선을 위해 일정량의 돈을 기부할 것입니다. 또한 자선을 위한 모금을 도울 수도 있습니다. 아마도, 내가 전 세계적으로 유명해진다면 나는 한국을 도울 수 있습니다. 나는 해외에 한국을 알릴 수 있을 것입니다. 나는 사람들에게 나의 조국에 대해 말할 것입니다. 그러면 아마도 그들은 방문하고 싶어할 것입니다.

If I became famous I would try to use my fame to highlight causes which are dear to my heart, such as the poor and endangered species. If the public is more aware of these causes then it may help with fundraising and with finding volunteers to help. This is one positive contribution that famous people can make to society but sadly few do so.

만일 내가 유명해진다면, 가난한 사람과 멸종되어 가는 동물 같은, 내가 가장 중요하게 생각하는 대의를 밝히는 데 나의 명성을 사용하려고 노력할 것입니다. 만일 대중들이 이런 문제에 많은 관심을 가지게 된다면 모금과 자원봉사자들을 찾는데 도움이 될 것입니다. 이것은 유명한 사람들이 사회에 할 수 있는 긍정적인 기여 중 하나이지만 유감스럽게도 그렇게 하는 경우가 드뭅니다.

IELTS PRACTICE TEST 02

PART 1

1. **Are you working or studying now?**
현재 일을 하고 있나요 아니면 공부를 하고 있나요?

   Model Answer

   I am working at the library as a librarian. I work at the National library.
   저는 사서로서 도서관에서 일하고 있습니다. 국립도서관에서 일합니다.

   High-level Answer

   I am studying engineering at the moment. I attend Hanyang University.
   저는 현재 공학을 공부하고 있습니다. 한양대학교에 다니고 있습니다.

2. **How long have you worked there?**
얼마간 거기에서 근무를 하고 있습니까?

   Model Answer

   I have been there for three years. I started working at the library after I finished my degree.
   그곳에서 3년 동안 일을 하고 있습니다. 대학을 마친 후에 도서관에서 일하기 시작했습니다.

3. **How long have you been studying?**
얼마간 공부를 해왔습니까?

   Model Answer

   I have been studying for one year. I have another three years to go before I complete the course.
   1년간 공부를 해 왔습니다. 과정을 마치기까지 3년이 더 남았습니다.

4. What do you plan to do in the future?

미래에 무엇을 할 계획입니까?

Model Answer

I hope to get a job in architecture. I like bridges and skyscrapers and would love to help design them.

저는 건축업 관련 직업을 갖고 싶습니다. 저는 교가와 마천루를 좋아하고 그것들을 디자인하는 것을 돕고 싶습니다.

5. Where did you go to school?

어디에서 공부를 했습니까?

Model Answer

I studied at Hankuk university of Foreign studies. My major field was Chinese literature.

저는 한국외국어대학교에서 공부했습니다. 전공은 중국어입니다.

High-level Answer

I went to Boram high school. It is the biggest high school in my hometown of Yeoju.

저는 보람고등학교를 다녔습니다. 저희 고향인 여주에서 가장 큰 고등학교입니다.

6. What was your favourite subject at school/university?

학교/대학교에서 가장 좋아했던 과목은 무엇입니까?

Model Answer

My favourite part of the course was listening to literature read in its original language. I enjoyed hearing speakers read stories in their own language.

가장 좋아했던 과정의 하나로 문학 작품을 중국어로 읽는 것을 듣는 과목입니다. 저는 화자가 그들의 모국어로 소설을 읽는 것을 듣는 것을 좋아했습니다.

High-level Answer

At school, the subject I preferred was Science. The best part was the experiments, which I found fascinating.

학교에서 선호했던 과목은 과학이었습니다. 가장 좋아했던 것은 실험으로 흥미로웠습니다.

Talk about an aspect of your work experience which has been rewarding.
You should say:

> Where you were working
> What your job was
> Why you enjoyed the job

And explain what it was about this aspect that you found so rewarding.

보람 있었던 직업 경험의 분야에 대해 말하시오.
당신은 다음 사항을 말해야 합니다.

> 어디에서 일을 했었는지
> 당신의 직업이 무엇이었는지
> 당신이 왜 그 일을 좋아했는지

그 일이 보람 있었다고 생각하는 측면들이 무엇인지 설명하시오.

Model Answer

1 Minute Notes : 5W+1H+ETC

Where	Changdeokgung palace 창덕궁에서
When	Summer, Saturday and Sunday 여름, 토요일과 일요일
Who	
What	Worked as a tour guide 관광 안내원으로 일했습니다.
Why	The chance to show my culture 나의 문화를 안내할 수 있는 기회
How	Showing tourists around the palace 관광객에게 궁궐을 구경
Etc	Helped people to understand Korea 사람들이 한국을 이해하는 데 도움을 주었습니다.

I think that the most rewarding job I have had was my job as a tour guide. One summer I worked at Changdeokgung palace. This is the palace that the Korean king lived in. I worked there part time. My usual work days were Saturday and Sunday.

My job was to show tourists around the palace. At 11 o'clock I would take a group of tourists around the palace grounds. There was a lot of walking involved as the place is huge. I had to make a speech outside each building. I would explain some history and tell a short story about the building. Sometimes tourists asked me questions about it. I had to know a lot about the palace so I could answer them.

The feature of the work that I liked was showing people my culture. I am very proud of my ancestors. I also love history. As a tour guide I could share my culture with the tourists. As well as that, I could explain to people about what took place in the palace and daily life there. I was happy when the visitors showed interest in my speech.

It was very rewarding because I helped people understand Korea. When people took my tour they heard about the history of my country. They also learned more about my culture. I like it when people want to learn about Korea. This will help Korea become more well-known throughout the world.

내가 했던 일 중에 가장 가치가 있었던 직업은 관광안내였습니다. 어느 여름 나는 창덕궁에서 일을 했습니다. 이곳은 한국의 왕들이 살았던 궁전입니다. 나는 거기에서 파트타임으로 일했습니다. 내가 평상시 일하는 날은 토요일과 일요일이었습니다.

내 일은 관광객에게 궁전을 안내하는 것이었습니다. 11시에 나는 단체 관광객을 데리고 궁전을 돌아다녔습니다. 궁궐이 넓기 때문에 많이 걸어야 했습니다. 나는 각 건물 밖에서 설명을 해야 했습니다. 나는 역사를 설명하고 건물에 관련된 짤막한 이야기를 했습니다. 때때로 관광객들은 질문을 했습니다. 질문에 대답할 수 있도록 나는 궁궐에 대해 많은 것들을 알고 있어야만 했습니다.

일의 특징상 내가 좋아했던 부분은 사람들에게 나의 문화를 안내하는 것이었습니다. 나는 조상들이 자랑스럽습니다. 또한 역사를 사랑합니다. 관광안내원으로서 나는 나의 문화를 관광객과 공유할 수 있었습니다. 게다가 나는 사람들에게 궁궐에서 일어났던 일들과 그곳의 일상생활을 설명했습니다. 나는 방문객들이 나의 이야기에 관심을 보일 때가 행복했습니다.

나는 사람들에게 한국을 이해시키는 데 도움이 되어서 매우 뿌듯했습니다. 사람들이 나의 안내에 합류하면서 나의 조국의 역사를 들었습니다. 그들은 또한 나의 문화에 대해 배웠습니다. 나는 사람들이 한국에 대해 배우고 싶어하는 것을 좋아합니다. 이것은 한국이 세계에 널리 알려지는 데 도움이 됩니다.

1 Minute Notes : 5W+1H+ETC

Where	At a seafood restaurant 해산물 식당에서
When	While I was at university 대학교 때
Who	Three other waitresses and a supervisor 3명의 다른 보조원과 지배인
What	A waitress 식당보조원이었습니다.
Why	The chance to work with food 음식을 다룬 기회
How	
Etc	Realized what I wanted to do with my life. After working there I decided to go into hospitality. 나의 인생에서 무엇을 하고 싶은지 깨달았습니다. 그곳에서 일한 후, 서비스업에 종사하기로 결심했습니다.

An aspect of my work experience that I have found particularly rewarding is the time that I worked at a seafood restaurant called Catch of the day. This was a part time job that I had on Fridays while I was still at University.

As I had no previous employment experience I started out as a waitress at the restaurant. There were three other waitresses working the same shift as me plus we also had a supervisor who would help us with any difficulties and guide us.

One thing that I liked a lot about the job was the chance to work with food. I really enjoy tasting different types of food and trying new ideas in the kitchen. By observing the chefs preparing and cooking the various dishes on our menu I was inspired to put these new techniques into my own cooking.

The most rewarding thing to come from this experience was that I realized what I wanted to do with my life. Following my graduation I decided to pursue a career in hospitality management. This was the perfect balance of my interests and my study. Now I am managing my own restaurant thanks to this experience.

특히 보람 있었다고 생각하는 직업 경험은 내가 '물 좋은 날'이라는 해산물 식당에서 일했던 때입니다. 이것은 내가 대학교 재학 당시 금요일마다 일했던 파트타임 일이었습니다.

나는 이전에 직장 경험이 없어서, 식당에서 보조원으로 시작했습니다. 나와 같은 시간대에 일하는 3명의 다른 식당 보조원들이 있었고 어려움이 있을 때 우리를 도와주고 지도해 주는 지배인 한 분이 있었습니다.

그 일에서 아주 좋았던 한 가지는 음식 다루는 기회였습니다. 나는 주방에서 다양한 음식을 맛보고 새로운 요리를 만들어 보는 것을 정말 좋아합니다. 요리사가 메뉴에 있는 다양한 음식을 준비하고 요리하는 것을 지켜보면서 나는 이러한 새로운 기교를 나의 요리에 응용하도록 영감을 받았습니다.

이 경험에서 얻은 가장 가치 있었던 점은 내가 인생에서 무엇을 하고 싶은지 깨달은 것입니다. 졸업과 함께 나는 호텔경영 분야의 직업을 찾기로 결정했습니다. 이것은 나의 흥미와 학업의 완벽한 조화였습니다. 지금 나는 이 경험 덕분에 내 자신의 식당을 운영하고 있습니다.

1. **What changes do you think will happen in the workplace in the future?**
   미래의 직장에 어떤 변화가 일어날 것이라고 생각합니까?

   ### Model Answer

   This is an interesting question. My country, Korea, has changed a lot in the last 20 years. I think it will continue to change in the future. There are many jobs that people do not like. An example is factory work. In the future, these jobs will go overseas. Some people will have their jobs taken by machines. More people like to eat out. So I think there will be more jobs in food service in the future. I think people will also want more entertainment. They will want to spend their leisure time doing things. So I think there will be more jobs in tourism. I think that people will have flexible hours. Korea needs to encourage families to have children. So workplaces should allow parents to have flexible hours. This will give them a chance to look after their children.

   흥미 있는 질문입니다. 나의 조국인 한국은 지난 20년 동안 많이 변화했습니다. 나는 미래에도 계속적으로 변화가 있으리라 생각합니다. 사람들이 하기 싫어하는 많은 직업들이 있습니다. 예를 들면 공장 일이지요. 미래에는 이런 직업들이 해외로 보내질 것입니다. 어떤 사람들은 일을 기계로 처리할 것입니다. 더 많은 사람들이 외식을 좋아합니다. 그래서 나는 미래에는 요식업계에 많은 일자리가 있으리라 생각합니다. 나는 사람들이 또한 더 많은 흥밋거리를 원할 것이라 생각합니다. 그들은 무엇인가를 하면서 여가 시간을 보내기를 원할 것입니다. 그래서 관광업계에도 더 많은 일자리가 있으리라 생각합니다. 나는 사람들이 유연한 노동 시간을 갖게 되리라고 생각합니다. 한국은 가정이 아이를 갖도록 권장해야 합니다. 그래서 직장들은 부모들에게 융통성 있는 노동 시간을 허용해야 합니다. 이것은 그들에게 아이들을 돌볼 기회를 제공할 것입니다.

   ### High-level Answer

   I envisage that the job market of the future will be dominated by jobs in the service industry and retail rather than in factories. I imagine the internet will partially replace physical shops in some industries which will create a lot of jobs in the delivery sector. Many jobs will be created operating computers and making sure that they are maintained. The tourism industry will continue to be strong as people want to escape their busy lives for a more relaxed break.

   나는 미래의 인력시장은 제조업보다는 서비스 산업과 소매업이 지배적이라 예상합니다. 인터넷이 부분적으로 배달 분야에 많은 일손이 필요한 특정 산업의 실제 상점을 대체하리라 추측합니다. 컴퓨터를 작동시키고 관리하는데 많은 직업들이 생길 것입니다. 관광 산업은 사람들이 분주한 생활을 벗어나 더 안락한 휴가를 지내고 싶어하므로 강세를 지속할 것입니다.

2. How do you feel about companies in your country moving their manufacturing operations to countries with cheaper labour?

당신 나라의 회사들이 공장을 인건비가 싼 국가로 옮기는 것에 대해 어떻게 느낍니까?

Model Answer

I don't think it is too important for Korea. Korea is now a modern society. There are certainly no parents telling their children to work in factories. No children want to get a job in one either. So, in the future, there will be no one to work in the factories. They have to move to find workers. Everybody likes to get cheaper things from shops. So people will feel happier if they are buying cheaper goods. There are some problems. Sometimes the quality of goods is lower. This is not so good for the shopper. Also it's not so good to get food from overseas. I don't think that Kimchi from overseas would be very good. Kimchi is a traditional Korean food. I think Koreans have to make it. Otherwise, it won't taste right.

그것이 한국 사회에 그다지 중요하다고 생각하지 않습니다. 한국은 현재 현대화 사회입니다. 반드시 자녀들에게 공장에서 일하라고 말하는 부모들은 없습니다. 어떤 어린이들도 그런 직장을 갖고 싶어하지 않습니다. 그래서 미래에는 공장에서 일하려는 사람이 없을 것입니다. 공장들은 노동자를 찾아서 이동해야만 합니다. 모든 사람들이 상점에서 더 값싼 제품을 구매하려고 합니다. 그래서 사람들은 더 값싼 물건을 사게 된다면 더 행복하게 생각할 것입니다. 여기에 몇 가지 문제도 있습니다. 때때로 제품의 품질이 낮습니다. 이것은 쇼핑하는 사람들에게는 그리 좋지 않습니다. 또한 해외에서 음식을 들여오는 것도 좋지 않습니다. 나는 해외에서 들여오는 김치가 매우 좋으리라고 생각하지 않습니다. 김치는 한국의 전통음식입니다. 나는 한국 사람들이 그것을 만들어야 한다고 생각합니다. 그렇지 않으면 제대로 맛을 낼 수 없습니다.

High-level Answer

For certain industries I am not too concerned that factories are moving offshore. Most young people these days have no desire to get a job in a factory and so the demand for labour would most likely push prices up. The fact that manufacturing is moving offshore is also a good indicator that Korea is now a first world country and that our average wage and standard of living is higher. That said, I am not happy that food manufacturing has been moved to other countries. It is very important that our food is produced to the highest standard and I think that we cannot necessarily trust the food preparation hygiene of countries that are not as advanced as us. Food needs to be prepared in a bacteria-free environment in order to be safe for human consumption. I don't believe that manufacturers in other countries can guarantee that the food will be safe to eat. I would also be surprised if people in other countries could prepare Korean food such as Kimchi correctly.

일정한 산업들의 경우 나는 공장을 해외로 옮기는 것에 대해 많이 우려하지 않습니다. 요즘 대부분 젊은이들은 공장에서 일을 하려고 하지 않아서 노동력의 수요가 십중팔구 가격을 인상할 것입니다. 제조업이 해외로 이동한다는 사실은 또한 한국이 이제는 선진국으로 평균임금과 생활수준이 높다는 것을 보여주는 좋은 신호입니다. 다만, 식품 제조업이 다른 나라로 옮기는 것에 대해서는 좋아하지 않습니다. 우리의 식품이 최고의 기준에 의해 생산되는 것은 매우 중요하고 우리보다 뒤 떨어진 나라들의 식품 조리 위생 상태를 반드시 신뢰할 수 있는 것은 아니라고 생각합니다. 식품은 사람이 먹기에 안전해야 해서 무균환경에서 처리되어야 할 필요가 있습니다. 나는 다른 국가의 제조업자들이 식품을 먹기에 안전하도록 보증할 수 있다고 믿지 않습니다. 만약 다른 나라 사람들이 김치와 같은 한국 식품을 제대로 만들 수 있다면 무척 놀라울 것입니다.

3. Do you feel that long work hours affect family time?
오랜 근무시간이 가족과 함께 하는 시간에 영향을 미친다고 생각합니까?

Model Answer

I think long working hours are very bad for families. Sometimes fathers can work until late at night. If they have small children, the children will go to bed before he gets home. So the children won't see their father. The children won't get the chance to talk to their father. So they will miss his guidance. It is bad for marriages too. People are tired when they work late. When people are tired they get angry easily. It could cause fighting and arguing in a marriage. Also couples don't get the chance to talk. When they don't talk, the marriage can have trouble.

나는 긴 근무시간이 가족들에게 매우 좋지 않다고 생각합니다. 때때로 아버지들은 밤늦게까지 일을 하기도 합니다. 만일 그들이 어린 자녀들이 있다면 아이들은 아버지가 집에 오기 전에 잠자리에 들 것입니다. 그래서 아이들이 아버지를 볼 수 없습니다. 아이들은 아버지와 이야기할 기회도 없습니다. 그래서 그들은 아버지의 지도를 놓치게 될 것입니다. 그것은 결혼 생활에도 좋지 않습니다. 일을 늦게까지 하면 피곤해 집니다. 피곤해지면 쉽게 화를 냅니다. 그것은 결혼 생활에 있어 다툼과 논쟁의 원인이 될 수 있습니다. 또한 부부가 대화할 기회가 없습니다. 부부가 대화가 없으면 결혼에 문제가 생길 수 있습니다.

High-level Answer

I think the extra pressure brought on by spending too long at work is seriously harming families. Children are the biggest losers from the long hours that parents are forced to work these days. Many fathers have to leave for work very early in the morning prior to their children waking up and then they don't return until later in the evening when children are either doing homework or about to go to bed. I think that it is detrimental to children, particularly boys, to have such little opportunity to speak to their father and bond with him. Longer work hours also take their toll on relationships. Years of long work hours can result in couples no longer having anything in common to talk about. When the couple does have time to talk they often are too stressed to have a normal conversation and will end up arguing or fighting.

나는 직장에서 너무 오랜 시간을 보냄으로써 야기되는 부가적인 스트레스가 가족에게 심각하게 피해를 준다고 생각합니다. 현대에 부모님들이 긴 시간 동안 일을 해야만 하기 때문에 가장 손해를 보는 것은 아이들입니다. 많은 아버지들이 아이들이 일어나기 전에 아침 일찍 회사로 출근해야 하고 아이들이 숙제를 하거나 잠자리에 드는 늦은 저녁까지도 집에 돌아오지 않습니다. 아버지와의 대화 기회가 없거나 유대가 적은 것은 아이들, 특히 남자 아이들에게 이롭지 않다고 생각합니다. 긴 근무시간은 또한 가족 관계에도 타격을 줍니다. 여러 해에 걸친 긴 근무시간은 부부에게 더 이상 공통 화제를 갖지 못하게 하는 결과를 가져올 수 있습니다. 부부들이 대화 기회가 있더라도 스트레스가 많아서 정상적인 대화를 하지 못하고 분쟁과 다툼으로 끝나게 될 것입니다.

4. What is your feeling about women in the workplace?

직장 여성에 대해 무엇을 느낍니까?

Model Answer

My opinion is that it is OK for women to work. In modern Korea, women need to work. This is so families can afford a house and nice things. Women don't need to spend all day at home now. It doesn't take all day to prepare food or to clean. These jobs are simple enough to do in a short time. Also the others in the family can help out. So women now have time to work. Modern women have equal rights. Women should have the same opportunities as men. This is why I believe that women should work when they can.

내 생각으로는 여자들이 일하는 것을 환영합니다. 현대화된 한국에서 여성들은 일할 필요가 있습니다. 이렇게 해서 가정들이 집과 좋은 물건을 구매할 수 있습니다. 여성들은 이제는 하루종일 집에서 시간을 보낼 필요가 없습니다. 음식을 준비하고 청소하기 위해서 하루종일이 걸리지 않습니다. 이런 일들은 짧은 시간에 할 수 있는 간단한 일입니다. 또한 가족 중 다른 사람들도 도와서 할 수 있습니다. 그러므로 지금은 여성들이 일을 할 때입니다. 현대 여성들은 동등한 권리를 갖습니다. 여성들도 남성과 동일한 기회를 가져야 합니다. 이것이 내가, 가능하다면 여성들이 일을 해야 한다고 생각하는 이유입니다.

High-level Answer

I don't have a problem with women in the workplace. The days have passed where a woman's job was to stay at home and ensure that the house was clean. Modern technology has vastly reduced the amount of work required to clean the house and with families having far fewer children the woman has no need to stay at home and look after babies. Women have equal rights to employment and have the same ability to do jobs as men do.

나는 여성들의 직장 생활을 찬성합니다. 여성들의 임무가 가정에 머물면서 집을 깨끗이 치워야 하는 시대는 지나갔습니다. 현대 기술이 집을 청소하는데 필요한 일의 양을 대폭 감소시켰고, 가정에 훨씬 적은 수의 아이들이 있기 때문에, 여성들이 가정에 머물면서 아기들을 돌봐야 할 필요가 없게 되었습니다. 여성들은 고용에 동등한 권리를 갖고 있고 남자들과 같은 업무 수행 능력을 가지고 있습니다.

IELTS PRACTICE TEST 03

PART 1

1. Where do you live?

당신은 어디에 살고 있습니까?

> ### Model Answer

I live in a small house on No-Hwa Island. It is located near to the beach and is just a short walk to the shops.

저는 노화도 섬의 작은 집에 살고 있습니다. 저희 집은 바닷가와 가깝고 걸어서 시장에 갈수 있습니다.

> ### High-level Answer

I have an apartment in Incheon. It is located on the fourth floor of the building and is very close to the Han River.

저는 인천에 있는 아파트에서 살고 있습니다. 아파트 건물 4층에 위치하고 한강과 매우 가깝습니다.

2. Who do you live with?

당신은 누구와 함께 살고 있습니까?

> ### Model Answer

I live with my parents and my younger brothers. My family has lived in the house for several generations.

저는 부모님과 형제들과 같이 살고 있습니다. 우리 가족은 그 집에서 여러 세대에 걸쳐 살았습니다.

> ### High-level Answer

My wife lives with me. The house was given to us by my wife's parents and is our first home.

나의 부인과 살고 있습니다. 부인의 부모님이 마련해 준 집이고 우리의 신혼집입니다.

3. How many rooms do you have?

방이 몇 개 있습니까?

> ### Model Answer

We have three rooms in our house. There are two bedrooms, one for my parents and one that I shared with my brothers.

저희 집은 방이 3칸 있습니다. 침실은 2칸이며 하나는 부모님 방이고, 하나는 제가 남동생과 같이 사용하고 있습니다.

There are four rooms. We have two bedrooms, a bathroom and a combined lounge and kitchen.

방이 4칸이 있습니다. 침실이 두 개이며 목욕탕 그리고 거실과 부엌이 연결되어 있습니다.

4. Which is your favourite room?

가장 좋아하는 방은 어느 것입니까?

My favourite room is the family room. On a sunny day it is really nice to sit outside and look out at the ocean in the distance.

가장 좋아하는 방은 가족 전용 방입니다. 화창한 날에 바깥에 앉아 먼 바다를 보는 것은 정말 멋집니다.

I like to spend time in the bedroom. I have to work long hours at the office and my favourite part of the day is returning home and relaxing in my bedroom.

저는 방에서 시간을 보내기를 좋아합니다. 사무실에서 긴 시간 일을 해야 하므로 내가 가장 좋아하는 일과는 집에 돌아와서 내 침실에서 쉬는 시간입니다.

5. What do you like about the area you live in?

당신이 살고 있는 지역은 어떤 점이 좋습니까?

I love to walk along the beach at sunset. Few people live in my town so it is very peaceful, I feel lucky to live there.

저는 석양이 질 때 바닷가를 산책하기를 좋아합니다. 우리 마을에 많지 않은 사람들이 살고 있어서 매우 평화롭고 그곳에 사는 것이 행운이라 생각합니다.

I think the best thing about my area is that there are lots of shopping malls very close to our house. I love to shop and I have all these great places within a few subway stops.

우리 지역의 가장 좋은 점은 집 가까이 많은 쇼핑몰이 있다는 것입니다. 저는 쇼핑을 좋아하고 전철로 몇 정거장 내에 이런 훌륭한 상점들이 모두 있습니다.

Describe a celebration in which you were involved.
You should say:
        What the celebration was
        When it happened
        Why it was held
And explain how the celebration was conducted.

당신과 관련된 축하연에 대해 말하시오
당신은 다음 사항을 말해야 합니다.
        축하연이 무엇인지
        언제 일어났는지
        왜 열렸는지
그리고 축하연이 어떻게 진행되었는지 설명하시오.

Model Answer

1 Minute Notes : 5W+1H+ETC

Where	A restaurant 식당
When	Last year 작년
Who	My relatives 친척들
What	Birthday party 생일잔치
Why	My Father's birthday 아버지 생신
How	Hired a restaurant. We ate sampgyeopsal and bulgogi. Afterwards we drank soju. 식당을 빌렸습니다. 삼겹살과 불고기를 먹은 후에 소주를 마셨습니다.
Etc	

Well, the biggest celebration I can think of was my father's birthday party. It was a big party to celebrate his 60th birthday.

The party took place in October last year. My father is very lucky as his birthday is in the autumn. For my father's birthday we usually have dinner with the family.

My father's 60th birthday was an important milestone so my family wanted the party to be memorable. We invited all our extended family. Some of my father's good friends joined in too. We decided to hire a restaurant to host the party for the evening.

On my father's birthday, we spent the day talking with our relatives. Most people gave money to my father. At six o'clock we went to the restaurant. The first course that we had was samgyeopsal. Samgyeopsal is a piece of thinly sliced pork. We cook this on a barbecue sitting in the middle of the table. Everybody is responsible for cooking their own food. The second course was bulgogi. Bulgogi is a beef dish that is marinated in soy sauce, sugar and vegetables then eaten with rice. Following the meal we drank soju. This is to wish good health for my father.

음, 내가 생각하기에 가장 큰 연회는 나의 아버지 생신잔치였습니다. 그의 60번째 생신을 축하하기 위한 성대한 잔치였습니다.

연회는 작년 10월에 있었습니다. 생일이 가을이라서 아주 좋습니다. 아버지 생일에 우리는 보통 가족과 함께 저녁 식사를 합니다.

아버지의 60회 생일은 중요한 이정표라서 우리 가족은 기념될 만한 잔치를 하고 싶었습니다. 우리는 친척 모두를 초대했습니다. 아버지의 친한 친구 몇 분들도 파티에 참석했습니다. 우리는 저녁 파티를 열기 위해 식당을 빌리기로 결정했습니다.

아버지의 생신날에 우리는 친척들과 대화를 하면서 시간을 보냈습니다. 대부분의 사람들이 아버지께 축의금을 드렸습니다. 6시가 되어 우리는 식당으로 갔습니다. 첫 번째 코스는 삼겹살이었습니다. 삼겹살은 돼지고기를 얇게 자른 것입니다. 식탁 가운데 놓인 철판에 이 고기를 굽습니다. 각자 자기가 먹을 것을 요리합니다. 두 번째 코스는 불고기였습니다. 고기는 간장, 설탕 그리고 야채와 함께 재운 쇠고기 요리로 밥과 함께 먹습니다. 식사 후 우리는 소주를 마셨습니다. 이것은 아버지의 건강을 기원하는 것입니다.

1 Minute Notes : 5W+1H+ETC

Where	On a beach at sunset 석양이 질 때 해변가
When	3 years ago 3년 전
Who	Close friends and family 친구들과 가족
What	My wedding 나의 결혼식
Why	I had found the person I wanted to spend my life with. 나의 인생을 함께 보내고 싶은 사람을 발견했습니다.
How	Ceremony at sunset and a big banquet 석양이 질 때 성대한 음식과 함께 진행되었습니다.
Etc	It was a beautiful day with a gorgeous sunset. 멋진 석양이 깔린 아름다운 날이었습니다.

The most important celebration that I have been involved with is my wedding. The reason that I feel it is the most significant event in my life so far is that it has brought about a big change to my lifestyle.

I got married to my beautiful wife almost three years ago. The wedding took place in the spring time. My wife chose this time to get married because she wanted the wedding to be held among the stunning flowers that were just blooming in time for the ceremony.

I met my wife at work. She used to be in the accounts department while I was in sales. Occasionally, I needed to get her to sign off some of my expenses and when she did so we found that we could talk at length about everything. One day I plucked up the courage to ask her out and happily she said yes. We dated for about one year when I decided that she was the person I wanted to spend the rest of my life with and I proposed to her.

We married beside the beach at sunset surrounded by close friends and family. We selected this time as sunset is the most tranquil time of day. The day was gorgeous and the sky took on a deep red hue as the sun went down. After the sun had set, it was time for a sumptuous banquet and a party until dawn.

내가 관련되었던 가장 중요한 축하연은 나의 결혼식입니다. 결혼이 여태까지 나의 인생에 가장 결정적인 행사로 느끼는 이유는 생활 방식에 커다란 변화를 가져왔기 때문입니다.

나는 아름다운 부인과 약 3년 전에 결혼했습니다. 결혼식은 봄에 열렸습니다. 나의 부인이 이때를 결혼의 시기로 선택한 이유는 그 무렵 막 피어나는 아름다운 꽃 속에서 결혼식을 하고 싶어했기 때문입니다.

나는 부인을 직장에서 만났습니다. 내가 판매부에서 일할 때 그녀는 경리 부서에서 일을 했었습니다. 가끔 나는 경비 처리를 위해 그녀의 서명을 받아야 했고 그녀가 결제를 하면서 우리는 모든 일에 대해서 이야기가 통하는 것을 알았습니다. 어느 날 나는 용기를 내어 그녀에게 데이트를 신청했고 그녀는 흔쾌히 승낙했습니다. 우리는 거의 1년 동안 연애를 했고 나는 그녀가 바로 나의 여생을 함께 보내고 싶은 사람이라고 결정을 하고 그녀에게 구혼을 했습니다.

우리는 석양이 질 때 가까운 친구들과 가족들에 둘러 싸여 해변에서 결혼을 했습니다. 우리는 노을이 질 때가 하루 중에 가장 평화로운 때라서 이때를 선택했습니다. 날씨는 아주 좋았고 태양이 질 때 하늘은 짙은 붉은빛으로 물들여졌습니다. 태양이 지고 나서 동이 틀 때까지 화려한 향연과 파티를 했습니다.

1. What have been the changes in birthday celebrations in your country over time?

그동안 당신의 나라에서 결혼 축하연에 어떤 변화가 있었습니까?

Model Answer

Birthdays in Korea have changed somewhat over time. Traditionally a baby had a huge celebration when it had been alive for 100 days. This is because, in the past, many babies did not survive to be that old. So a baby was not registered as being born until it was 100 days old. Therefore in the past many people celebrated their birthday 100 days after they were actually born. In modern times of course, almost all babies live longer than 100 days. As a result the 100 days celebration has become more symbolic. Children are now registered with their actual birthday rather than 100 days afterwards. Another major celebration in Korean society used to be the 60th birthday. A person's 60th birthday was important for two reasons. Firstly, if a person reached this age it meant that they had been alive for a complete zodiac cycle. Secondly, before modern medicine very few people lived to be 60. So somebody who turned 60 was viewed as being very special. Nowadays, living to be 60 years old is very common. Over time these celebrations have decreased in importance though people still recognize them.

한국에서 생일은 그동안 어느 정도 변했습니다. 전통적으로는 아기들이 100일 동안 생존을 하면 성대한 연회를 가졌었습니다. 그것은 과거에는 많은 아기들이 그 시기까지 생존하지 못했기 때문입니다. 그래서 아기들이 100일이 되어서야 출생신고를 했었습니다. 그래서 과거에는 아기가 실제 태어난 지 100일이 될 때 생일을 축하하였습니다. 물론 현대에는 대부분의 아기들이 100일보다 더 오래 삽니다. 결과적으로 100일 잔치는 상징적이 되었습니다. 이제 아이들은 그들이 100일 후가 아닌 실제 태어난 날로 출생 등록이 됩니다. 한국 사회에서 또 다른 중요한 행사는 60번째 생일잔치였습니다. 60이 되는 생일은 두 가지 이유로 중요했습니다. 첫 번째 이 연령에 도달하게 되면 그 사람은 12지간 주기 전체를 살았다는 의미입니다. 두 번째, 현대 의학이 발달하기 전에는 60까지 사는 사람이 거의 없었습니다. 그래서 60이 된 사람은 매우 특별하게 여겨졌습니다. 현대는 60세까지 사는 것이 보통입니다. 아직도 사람들이 60세 생일을 인지하기는 하지만, 시간이 흐르면서 그 중요성에 있어서 감소했습니다.

High-level Answer

Traditionally, in Korea, weddings were very important events for the whole family. Weddings used to take place at the bride's house in front of her parents. The groom would ride to the wedding on a horse and after the ceremony would carry the bride away in a cart to live with him at his parent's house. The bride wore a traditional wrap-around dress called a hanbok that would be decorated with cranes. The cranes were to wish her a long life. The groom would wear a loose jacket called a Jeogori and trousers. Sometimes he would wear a black hat indicating his rank in society. This type of ceremony is no longer practiced but elements of it are incorporated into modern weddings. Usually couples will now have a western style wedding in a large hall and invite large numbers of friends and family. Brides generally wear a white wedding gown while the groom wears a tuxedo. Sometimes the ceremony will be followed by a more traditional style wedding to honour the married couple's parents.

전통적으로, 한국에서 결혼은 집안 전체에 매우 중요한 행사였습니다. 결혼은 신부의 집에서 신부의 부모님 앞에서 치러지곤 했습니다. 신랑은 말을 타고 결혼을 하러 가는데 예식이 끝난 후 신부를 가마에 태우고 그의 부모님의 집에서 살기 위해 데려갑니다. 신부는 한복이라고 불리는, 두르는 형태의 전통 드레스를 입는데 원앙으로 장식이 되어 있습니다. 원앙은 그녀의 장수를 기원합니다. 신랑은 저고리라고 불리는 느슨한 웃옷과 바지를 입었습니다. 때로는 신랑이 자신의 사회적 신분을 나타내는 검은 모자를 쓰기도 했습니다. 이 방식의 예식은 더 이상 행해지지 않지만, 예식의 주요 요소는 현대의 예식에 통합되었습니다. 보통 커플들은 커다란 예식장에서 서구적 양식의 결혼을 하며 많은 수의 친구와 가족을 초대합니다. 신부는 일반적으로 흰 결혼드레스를 입고 신랑은 턱시도를 입습니다. 때론 예식 후에 결혼한 커플의 부모님께 예를 올리는 전통적인 방식의 결혼식이 뒤따릅니다.

2. **How do you think "consumerism" has affected birthdays?**
'소비주의'가 생일 축하연에 어떻게 영향을 미친다고 생각합니까?

Model Answer

In the past, the most important part of the celebration was eating food. People in the past would make special delicacies and enjoy a large feast. It was not important to give presents to the person having the birthday. These days, however, gift giving is very important. Usually, in modern Korea, people give money to a person on his or her birthday. But the problem that consumerism has brought is that this has become a competition. People don't want to be the one giving the least amount of money. It has got to the stage where some parents may be embarrassed at the amount that their children are giving them. To sum up, the biggest problem consumerism has caused is a shift from spending time with family to a competition to give the most.

과거에는 연회의 가장 중요한 부분은 음식을 먹는 것이었습니다. 과거에 사람들은 특별히 맛있는 것을 만들어 성대한 연회를 즐겼습니다. 생일을 맞이하는 사람에게 선물을 주는 것은 중요하지 않았습니다. 하지만, 요즈음은 선물을 주는 것이 매우 중요합니다. 보통, 현대의 한국에서는 생일을 맞는 사람에서 축의금을 줍니다. 하지만 소비주의가 가져온 문제는 이것이 경쟁이 되었다는 것입니다. 사람들은 적은 돈을 주는 사람이 되는 것을 원하지 않습니다. 일부 부모님들은 자녀들이 주는 액수에 대해 당황해 하는 단계에 이르렀습니다. 결론적으로, 소비주의가 야기하는 가장 큰 문제는 가족과 함께 시간을 보내는 것에서 가장 많이 주려고 경쟁하는 추세로 된 것입니다.

Consumerism has had a big influence on marriage in Korea. The modern wedding ceremony has been imported from the west, largely as a way of showing off wealth. For many people, weddings have become ways to compete with others. Couples will try to outdo their friends and relatives by having more guests or a gorgeous wedding reception. Contrasting against the simple traditional wedding, the modern wedding is an excuse to spend large amounts of money.

소비주의는 한국에서 결혼에 막대한 영향을 미치고 있습니다. 현대적 결혼식은, 주로 부유함을 과시하는 수단으로 서양에서 도입되었습니다. 많은 사람들에게 결혼식은 다른 사람들과 경쟁하는 방법이 되었습니다. 커플들은 더 많은 손님 혹은 화려한 예식 연회를 가짐으로써 친구들과 친척들을 능가하려고 합니다. 간소한 전통 예식과는 대조적으로, 현대의 결혼식은 많은 돈을 소비하는 구실이 됩니다.

3. What role does religion play in your life?
종교가 당신 인생에 어떤 역할을 합니까?

Model Answer

For me, religion plays a very large role. I regularly attend religious services each week. My mother first took me when I was a child and it has shaped me as a person. The biggest influence that religion has had on me is the development of my morals. My mother had a strong moral character and I have tried to be like her. My beliefs have helped me to make some very important decisions in my life. For example, when I got married, I looked at my potential partner's standards before deciding whether to introduce them to my parents. I have used my beliefs to seek guidance when I have a problem in my life. It helps me in that I always feel as though I have made the right decision.

나에게 있어서 종교는 아주 큰 역할을 합니다. 나는 매주 정기적으로 종교의식에 참석합니다. 내가 어렸을 때 어머니가 처음으로 나를 데리고 갔고 그것이 한 인간으로서의 나를 만들었습니다. 종교가 나에게 미친 가장 큰 영향은 나의 도덕성 개발이었습니다. 나의 엄마는 강한 도덕성을 갖고 있고 나는 그녀와 같이 되기를 원했습니다. 나의 신념은 내가 인생에서 가장 중요한 결정을 하는데 도움이 되었습니다. 예를 들면, 결혼을 할 때 나는, 배우자가 될 가능성이 있는 사람을 부모님께 소개시킬지 여부를 결정하기 전에 상대방의 도덕적 기준을 살폈습니다. 인생에 문제가 생겼을 때 지침을 찾기 위해 나의 신념을 사용했습니다. 그것은 언제나 내가 올바른 결정을 한다고 느낀다는 점에서 도움이 됩니다.

High-level Answer

I don't attend religious services regularly but religion does have a role in my life. My grandparents were very religious and they instilled strong moral values in me. So when I make decisions, they are largely based on the strong moral standing that I was given by my grandparents. Occasionally, I will go to a religious service or go to pray but only on certain occasions.

나는 정기적으로 종교의식에 참가하지는 않지만 종교는 나의 인생에 의미를 갖습니다. 나의 조부모님은 매우 신앙이 깊어서 나에게 강한 도덕적 가치를 주입하였습니다. 그래서 나는 결정을 할 때, 주로 조부모님께서 나에게 주신 강한 도덕적 규준에 근거를 둡니다. 경우에 따라서, 종교 행사나 기도를 하러 가겠지만 오직 특별한 경우일 것입니다.

4. How important are religious celebrations to you?
당신에게 종교 생활은 얼마나 중요합니까?

Model Answer

Religious celebrations are a time to reflect and be thankful. Therefore they are very important to me. During religious ceremonies I like to think about how my life is going. I have many things which I am grateful about and I use these special times to say thanks for everything. As my family is religious, these celebrations also become family gatherings. I like having the chance to catch up with all my relatives during the celebrations.

종교의식은 회고하고 감사하는 시간이 됩니다. 그러므로 나에게 정말 중요합니다. 종교의식 동안에 나는 나의 인생에 대하여 생각하는 것을 좋아합니다. 나는 감사해야 할 많은 것을 갖고 있고 이 특별한 시간에 모든 것에 감사합니다. 나의 가족들이 종교를 가지고 있어서 이런 행사로 또한 가족이 함께 모이게 됩니다. 의식 동안에 나의 모든 친척들과도 만나는 기회를 갖는 것을 좋아합니다.

High-level Answer

Religious celebrations have special importance to me but not necessarily because of the religious aspect. My grandparents used to take me to attend services and worship and then spend time with me before and after the service. Both of them have now passed away, so I have only memories remaining. Therefore religious celebrations help me to reminisce about spending valuable time with my grandparents.

종교의식은 나에게 특별한 중요성이 있지만 꼭 종교적인 측면 때문만은 아닙니다. 나의 조부모님께서는 나를 데리고 예배에 참석하셨고, 예배 전후에 나와 함께 시간을 보내곤 하셨습니다. 지금은 두 분 모두 돌아가셨고 단지 기억만이 남아있습니다. 그러므로 종교의식은 나에게는 조부모님과 함께 했던 소중한 시간에 대한 추억을 떠올리게 합니다.

IELTS PRACTICE TEST 04

PART 1

1. **What is your favourite hobby?**

   가장 좋아하는 취미가 무엇입니까?

   ### Model Answer

   One of my hobbies is listening to music. Whenever I need to relax, I put some music on and feel much better.

   나의 취미 중 하나는 음악을 듣는 것입니다. 휴식이 필요할 때마다, 나는 음악을 틀면 기분이 훨씬 나아집니다.

   ### High-level Answer

   Something I like to do is shopping. I enjoy keeping up with the latest trend in clothing and jewellery.

   제가 좋아하는 것은 쇼핑입니다. 옷과 보석의 최신 유행을 따르는 것을 좋아합니다.

2. **Do many people in your country have the same hobby?**

   당신 나라의 많은 사람들은 같은 취미를 가지고 있습니까?

   ### Model Answer

   Yes, although some people prefer to watch performances rather than listening at home. Teenagers especially like to follow the popular music charts.

   예, 비록 어떤 사람들은 집에서 음악을 듣는 것보다 공연을 관람하는 것을 선호하지만요. 십대들은 특히 인기 대중 음악을 따르기를 좋아합니다.

   ### High-level Answer

   I think that a lot of people go shopping regularly. Whenever I visit the shopping mall there are hundreds of people searching for bargains.

   저는 많은 사람들이 정기적으로 쇼핑을 한다고 생각합니다. 쇼핑몰에 갈 때마다 수백 명의 사람들이 가격인하를 찾아다닙니다.

3. **Do you think your hobby is expensive?**

   당신의 취미가 비용이 많이 든다고 생각합니까?

   ### Model Answer

   No, I often put the radio on which costs nothing. I have music on my computer that was fairly cheap and I can listen to it over and over again.

아닙니다. 저는 주로 전혀 비용이 들지 않는 라디오를 틉니다. 저의 컴퓨터에 비용이 적게 든 음악들이 있고 그것을 반복해서 들을 수 있습니다.

High-level Answer

Yes, it can be but I don't always buy things when I go out shopping. This is because I spend most of my time looking rather than buying.

예, 그럴 수 있지만, 저는 쇼핑을 할 때 항상 구매하지는 않습니다. 왜냐하면 구매하는 것보다 구경하는 데 대부분의 시간을 보내기 때문입니다.

4. How did you become interested in your hobby?

어떻게 당신의 취미에 관심을 갖게 되었습니까?

Model Answer

I think I first became interested in music when my parents played some for me as a child. Since then I have associated relaxing with music.

저는 저의 부모님들이 제가 어렸을 적, 저를 위해 음악을 들려주면서 처음으로 음악에 관심을 갖게 되었다고 생각합니다. 그 이후로 저는 휴식과 음악을 결합시켰습니다.

High-level Answer

I became interested in shopping when I started earning money. The first thing I wanted to do when I got my first pocket money was to go down to the mall and spend it.

저는 돈을 벌기 시작했을 때 쇼핑에 관심이 생겼습니다. 용돈이 처음 생겼을 때 제가 하고 싶어 했던 첫 번째 일은 쇼핑몰에 가서 돈을 쓰는 것이었습니다.

5. How much time do you spend on your hobby?

취미에 얼마큼의 시간을 사용합니까?

Model Answer

I listen to music every day. I have so much music on my computer that I can listen to it without becoming bored.

저는 매일 음악을 듣습니다. 컴퓨터에 많은 음악을 저장하고 있어서 지루하지 않게 음악을 들을 수 있습니다.

High-level Answer

I go shopping at least once a week. Sometimes I only spend an hour or so but if there are good sales or if I am with my friends then I will be out for the whole day.

저는 적어도 일주일에 한 번은 쇼핑을 합니다. 때로는 단지 한 시간 정도 시간을 보내지만 세일을 하거나 친구와 함께 있는 경우는 하루 종일 밖에 있습니다.

Describe the house where you live.
You should say:

       What type of house you live in

       Why you chose to live this area

       What the features of the place you live in are

And describe the neighbourhood.

당신이 살고 있는 주택에 대해 말하시오
당신은 다음 사항을 말해야 합니다.

       당신이 살고 있는 주택 양식

       왜 당신은 그 지역을 선택했는지

       당신이 살고 있는 집의 특징

그리고 동네에 대해 묘사하시오.

Model Answer

1 Minute Notes : 5W+1H+ETC

Where	My father's hometown 아버지의 고향
When	Built in the 1950s 1950년대에 지어짐
Who	My brother, parents and me 남동생, 부모님, 나
What	Traditional Korean House: wooden floors, small deck, garden 전통적인 한옥: 나무 마루와 작은 툇마루, 정원
Why	My father moved to the house to care for his mother. 아버지가 할머니를 돌보기 위해서 이사했습니다.
How	
Etc	Small town with a harbour and hills 항구와 언덕이 있는 작은 마을

Yes, well, I still live with my parents. We live in a three bedroom home. It is located in a small town in Jeolla-do. My house is quite old. It was built in the 1950s. We have a little garden. The house used to belong to my grandparents.

The house is in my father's hometown. My father's family has lived there for many generations. My father moved back there because my grandmother was sick. My father is the eldest son in his family. When my grandmother got sick he had to look after her.

Our house is a very traditional Korean house. We have three bedrooms for my brother, me and my parents. All of our floors are wooden. At the front of the house there is a small deck. During the summertime, we eat dinner on the deck because it is cooler. My room looks out onto our garden. My father planted the garden with some small trees and bushes. In spring I like to look at the lovely, bright flowers. My dad's hobby is working in our garden. On the weekend he will always go out there to pull the weeds. He feels especially proud when the flowers bloom.

Our town is quite small. Only two thousand people live here. There is a small harbour with fishing boats. Looming above the town are some high hills. A forest covers much of the hillside, only the very top is bare. Most of the other houses in the town are similar to our house. It's just a small town but I like the atmosphere. My neighbours all look out for me. I would miss these caring people if I lived in the city.

음, 저는 아직까지 부모님과 함께 살고 있습니다. 우리는 방 3칸짜리 집에서 살고 있습니다. 전라도의 조그만 마을에 있습니다. 나의 집은 꽤 오래된 집입니다. 1950년대에 지어졌습니다. 우리는 조그만 정원이 있습니다. 이 집은 저의 조부모의 소유였습니다.

이 집은 제 아버지의 고향에 있습니다. 아버지 가족들은 여러 세대 동안 그곳에서 살았습니다. 아버지는 할머니가 병이 들어서 그곳으로 다시 옮기셨습니다. 나의 아버지께서는 집안에서 장남이십니다. 할머니께서 편찮으셔서 그는 할머니를 돌봐야 했습니다.

우리 집은 전통적인 한옥입니다. 우리 집은 동생, 나 그리고 부모님을 위한 방이 세 개 있습니다. 마루가 나무로 되어 있습니다. 집 앞쪽에 작은 툇마루가 있습니다. 여름 동안에 우리는 그곳이 더 서늘하기 때문에 그 마루에서 저녁을 먹습니다. 내 방에서 정원이 보입니다. 아버지는 작은 나무들과 관목들을 정원에 심었습니다. 봄철에 나는 아름답고, 화려한 꽃들을 보는 것을 좋아합니다. 아버지의 취미는 정원 가꾸기입니다. 주말에는 항상 그곳에 나가서 잡초를 뽑습니다. 그는 꽃들이 필 때 특히 자부심을 느낍니다.

우리 마을은 매우 작습니다. 단지 2,000명이 그곳에 살고 있습니다. 고깃배가 있는 작은 항구가 있습니다. 마을 위쪽에 높은 언덕이 보입니다. 산림이 언덕의 대부분을 덮고 있고 단지 산꼭대기만 나무가 없습니다. 마을의 대부분의 가옥들은 우리 집과 비슷합니다. 비록 조그만 마을이지만 나는 그 분위기를 좋아합니다. 이웃들께서는 나를 돌봐 주십니다. 내가 도시에 살게 된다면 이런 자상한 분들이 그리워질 것입니다.

1 Minute Notes : 5W+1H+ETC

Where	In a mixed residential/ commercial neighbourhood 주거지와 상업지의 복합
When	
Who	Live by myself 혼자살고 있다
What	A small apartment: small bedroom with ensuite, kitchen and lounge 작은 아파트: 욕실이 딸린 작은 방, 부엌, 거실,
Why	It is close to work. 직장과 가까운 곳입니다.
How	
Etc	My neighbours are commercial so it is quiet after office hours. 집 주변은 상업지역이라 근무시간 이후에는 조용합니다.

I live in a small apartment near the centre of the city. It is part of a complex of 40 apartments on a short, quiet city street. It is on the second level of the complex and it also includes a parking space at the basement level.

I chose to live in this apartment because it is very handy to my work and as well as this it is within walking distance of the main commercial area of the city if I feel like going shopping. I also believe that its location will help the apartment retain its value if there is ever a slowdown in the market for housing.

I live by myself at the moment so the apartment has only one bedroom which is sufficient for me. I have a small kitchen with all necessary appliances which opens up onto a reasonable sized lounge area. The bedroom is of a generous size and can easily fit a large double bed, my chest of drawers and a bookcase. There is also a simple ensuite coming off the bedroom with a shower and toilet facilities.

My neighbourhood is a mixture of commercial and residential. Actually, the immediate neighbours on all sides are commercial operations, while the nearest housing is perhaps 50m away from my home. This can be a blessing because outside office hours, the area is very quiet.

나는 시내 중심 가까운 곳에 있는 작은 아파트에서 살고 있습니다. 아파트는 짧고 조용한 거리에 있는 40세대를 가진 건물입니다. 우리 집은 건물의 2층에 있고 지하에 주차 공간이 있습니다.

직장에 출근하기가 쉬울 뿐 아니라 쇼핑을 하고 싶을 때 시내의 주요 상업 지역까지 도보 거리 안에 있기 때문에 이 아파트를 선택했습니다. 나는 또한 집의 위치 때문에 주택 시장이 침체되더라도 아파트 가치를 보존할 수 있다고 믿습니다.

나는 현재 나 혼자 살고 있으므로 단지 침실이 하나라도 나에게는 충분합니다. 필요한 설비가 모두 있는 조그마한 부엌이 적당한 크기의 거실과 통해 있습니다. 침실은 크기가 넉넉해서 커다란 2인용 침대와 옷장 그리고 책장이 쉽게 들어갑니다. 거기에다 침실에 붙어있는 욕실과 화장실이 있습니다.

집 주변은 상업지와 주거지들이 혼합되어 있습니다. 실제로, 바로 옆은 사방으로 상업 시설이고, 가장 가까운 주거지는 집에서 50m 정도 떨어져 있습니다. 근무시간 이외에는 그 지역이 매우 조용하기 때문에 이 점 또한 장점이 될 수 있습니다.

1. **How do you feel population changes in your country will affect the housing market?**
   당신의 국가에서 인구 변화가 주택 시장에 어떤 영향을 미치리라 생각합니까?

   Model Answer

   Recently, Korea has changed from a rural, agriculture based society to an urban, technology based society. The biggest change as a result of this was the movement of people from rural towns and villages into the cities. The next stage, I feel, will be movement of more people to Seoul. Korea's population is expected to fall in the future as our birthrate slows. However, immigration is increasing and most large companies have their headquarters in Seoul. In my opinion, Seoul's population will continue to grow even if the population of Korea falls. Export markets are becoming more important to Korea. For ease of trade to overseas companies it is better for Korean exporters to be based in the major city of the country. This is because most of the services and the major airport are in that city. So most new jobs are going to be created in Seoul. Therefore people will continue to migrate to Seoul in order to find work. This is going to keep the price of housing in inner Seoul high in the foreseeable future.

   최근에, 한국은 농경에 기반을 둔 농촌사회에서 기술에 기반을 둔 도시사회로 변했습니다. 이로 인한 가장 큰 변화는 시골 소도시와 마을에서 대도시로의 이주입니다. 다음 단계로 나는 더 많은 사람들이 서울로 이주하리라 생각합니다. 미래에는 한국의 인구가 출산율의 저하로 줄어드리라 예상이 됩니다. 하지만 서울로의 이주가 증가하고 있고 대부분의 대기업들이 서울에 본사를 갖고 있습니다. 나의 의견으로는, 비록 한국의 인구가 줄어들더라도 서울의 인구는 계속 증가하리라 생각합니다. 수출 시장도 한국에 더 중요하게 될 것입니다. 외국 회사와의 수월한 교역을 위해서는 한국 수출업자들이 서울에 기반을 두는 것이 좋습니다. 이것은 대부분의 서비스 업계와 주요 공항이 서울에 있기 때문입니다. 그래서 대부분의 새로운 직업들이 서울에서 창출될 것입니다. 그러므로 사람들은 직장을 찾기 위해 계속해서 서울로 옮길 것입니다. 이것은 가까운 장래에 서울 도심의 주택가격을 높게 유지시킬 것입니다.

   High-level Answer

   I think the pressure on land and housing in Korea will be eased in the future. Korea has the lowest birth rate in the world and, at the moment, has very little immigration so we are going to experience a big decrease in population at some point during this century. The decrease in population could be good for housing in Korea as currently many of the big cities are incredibly crowded and houses are densely packed together. Thus people in the future will most likely have more space to live in. Until the population falls and as transportation improves there will also be more people wanting to escape the city and live in the more peaceful, less densely populated outer suburbs.

나는 미래에는 한국에서 토지와 주택에 관한 압박이 느슨해 질 것으로 생각합니다. 한국은 세계에서 가장 낮은 출산율을 보이고 있고 현재 이민을 거의 받지 않으므로, 이 세기 중 어떤 시점에서는 큰 인구 감소를 경험하게 될 것입니다. 현재 많은 대도시들이 믿을 수 없을 정도로 과밀하고 주택들이 조밀하게 형성되어 있기 때문에, 인구의 감소는 한국의 주택 문제에 이로울 수 있습니다. 그러므로 미래의 사람들은 더 넓은 공간에서 살게 될 가능성이 높습니다. 인구가 감소할 때까지 그리고 교통이 좋아지기 때문에, 도시를 떠나 더 평화롭고 덜 붐비는 외곽 지역에 살기를 원하는 사람들이 많아질 것입니다.

2. What do you think the biggest changes have been to houses built in your country over the last 50 years?

지난 50년 동안 당신의 나라에 지어진 주택의 가장 커다란 변화가 무엇이라고 생각합니까?

Model Answer

As people have moved from the country to the city, the amount of pressure on city land has increased. The response of Koreans has been to build upwards. Most city-dwellers now live in apartments. There has been a change in the style of apartment that we live in. In the older parts of the city people mostly live in small two to three story buildings with smaller apartments. But in modern society people demand space to fit all their furniture and accessories. The result of this is that newer apartment developments are much taller and feature bigger apartments. The material used for building has also changed. Older buildings used brick or, if very old, wood. These are strong but unsuitable for large construction, so modern apartments are generally made of steel and glass. There is also an emphasis on the comfort of the residents so many complexes will have pools, gyms and shops to make people feel happier about their home.

사람들이 시골에서 도시로 이주함에 따라, 도시 지역에 대한 붐빔이 증가했습니다. 이에 대한 한국인들의 대응은 집을 위로 짓는 것이었습니다. 이제 대부분의 도시 거주자들은 아파트에서 삽니다. 우리가 사는 있는 아파트의 형태에도 변화가 있어 왔습니다. 도심의 오래된 지역에서 사람들이 대부분 2층-3층짜리 건물로 이루어진 작은 아파트에 살고 있습니다. 하지만 현대 사회에서 사람들은 모든 가구들과 장식품을 들어 놓을 공간을 필요로 합니다. 이런 결과로 새로운 아파트 개발은 훨씬 더 높고 더 넓은 아파트의 특징을 갖습니다. 건물에 사용되는 재료들도 역시 변화되었습니다. 오랜 건물은 벽돌 혹은 만약에 아주 오래된 것이라면 나무가 사용되었습니다. 이것들은 강하지만 큰 건물에는 적합하지 않아서, 현대의 아파트들은 대개 강철과 유리로 만들어 집니다. 또한 주거의 안락함에 중점을 두어서 많은 아파트들이 수영장, 체육관과 상점을 갖추어서 그들에 집에 대해 더 행복함을 느끼게 할 것입니다.

High-level Answer

Korean society has changed greatly over the past 50 years and this is reflected in modern housing. People no longer live in the same house as their extended family and no longer have as many children and, as a result, houses have become smaller. With the modernization of Korea, there has been a large migration of rural-dwellers to the cities, especially Seoul, for work. This has meant that there is a large amount of demand for housing in the cities and because of this most people now live in apartments. The materials used for construction have also changed, up until recently Korean houses were made from wood as this was the most readily available material. Modern buildings are usually constructed from concrete and steel.

한국 사회는 지난 50년 동안 크게 변했고 이런 변화는 현대 주택에 반영되었습니다. 사람들은 더 이상 대가족처럼 같은 집에서 살지 않고 더 이상 많은 아이들을 갖지 않게 되어서, 그 결과, 주택이 작아졌습니다. 한국의 현대화에 따라, 농촌 거주자가 도시로, 특히 서울로 일자리를 찾아, 많이 이주했습니다. 이로 인해 도시에 많은 주택 수요가 있게 되었고 이런 이유로 대부분의 사람들이 현재 아파트에서 삽니다. 건축에 사용되는 자재들 또한 변화했는데, 현대 건물들은 대부분 콘크리트와 철근으로 지어지고 있습니다.

3. **What effect do you think parks and trees have on a neighbourhood?**
   공원과 나무가 지역에 어떤 영향을 준다고 생각합니까?

   | Model Answer |

In my opinion, parks and trees can be useful for a neighbourhood as they provide a place to relax. Modern life can be very stressful and busy. It is helpful if people have a place to go where the pace of life is slower and they can unwind after a hard day's work. A park is the perfect place to provide this. The park is also useful to the neighbourhood because it provides people with a place to do exercise. A lack of fitness can lead to poor health and more doctor's visits. Therefore, by providing a place to exercise, the city is avoiding health problems in the future.

나의 의견으로는 공원과 나무들이 쉴 장소를 제공하기 때문에 지역사회에 유용할 것이라고 생각합니다. 현대의 삶은 매우 스트레스가 있고 분주합니다. 만일 사람들이 삶의 행보를 느슨하게 할 만한 장소를 갖고 있다면 고된 하루의 일과 후에 긴장을 푸는데 도움이 될 것입니다. 공원은 이를 제공할 가장 적당한 장소입니다. 공원은 또한 사람들에게 운동을 할 수 있는 장소를 제공하기 때문에 지역사회에 유용합니다. 체력의 약화는 건강에 해로우며 더 많이 병원을 방문하게 될 것입니다. 그러므로 운동할 장소를 제공함으로써 도시는 미래에 건강 문제를 피할 수 있습니다.

   | High-level Answer |

Parks and trees have a great importance to a neighbourhood. Due to the rapid modernization of Korea, buildings were constructed with speed being the main concern rather than the aesthetics of the neighbourhood and therefore parkland is much rarer in Korea than it is in many other cities. Fortunately there are some parks and these are invaluable to give some character to the area rather than it being a collection of faceless buildings. Of course, having a park or green space in view makes a house much more valuable.

공원과 나무들은 지역에 매우 중요합니다. 한국의 빠른 현대화에 따라, 건물들이 지역의 경관을 고려하기 보다는 주요 관심사인 빠른 속도로 지어졌고, 그로 인해 한국에는 공원 용지가 많은 다른 도시보다 훨씬 적습니다. 다행히도 몇몇 공원들이 있어서, 그 공원들이 서울을 개성 없는 건물의 집합체가 아닌 특징 있는 곳으로 만들어 가치가 있습니다. 물론 시야에 공원이나 푸른 공간이 보인다면 주택이 더 많은 가치를 갖게 됩니다.

4. How can cities and countries balance the needs of the environment with the needs of people?

도시와 시골이 환경의 필요와 사람들의 요구 사이에 어떻게 균형을 이룰 수 있습니까?

Model Answer

The best way for cities to balance environmental needs and people's needs is to reduce the pressure on land. The easiest way to do this is to decrease the amount of land required for each person. Most Koreans live in apartments anyway; they are not used to having a garden or being close to the street. So to satisfy demand for housing, the government should encourage taller apartment buildings to reduce pressure on the land. New developments should also have green spaces provided around them to make the building look nicer and to encourage birds and animals to come to the neighbourhood.

도시에서 환경적 요구와 사람의 요구간의 균형을 이루는 최선의 방법은 토지에 대한 붐빔을 줄이는 것입니다. 이렇게 하는 가장 손쉬운 방법은 각 사람에 필요한 토지 량을 줄이는 것입니다. 여하튼 대부분의 한국 사람들은 아파트에 살고, 정원을 소유하거나 길가에 가깝게 사는 것에 익숙하지 않습니다. 그래서 주택 수요를 충족시키기 위해서, 정부는 토지에 대한 붐빔을 줄여주는 고층 아파트 건물을 장려해야 합니다. 새로운 개발은 또한 건물 외관을 더 좋게 보이고 새들과 동물들이 지역사회에 올 수 있도록 주변에 녹지 공간을 확보해야 합니다.

High-level Answer

There are many ways in which governments can balance the needs of people and the environment. Firstly, they should ensure that there are adequate parks and green spaces in the city. This can be accomplished by utilizing land that is not ideal for building and assigning areas close to important landmarks such as rivers and mountains as green spaces so people can see the feature. Secondly, rivers should be kept clean wherever possible. Businesses near rivers should be barred from dumping their waste in the river and sewage should be treated in ponds away from the city rather than poured into rivers.

정부가 사람들의 요구와 환경에 조화를 이룰 수 있게 하는 많은 방법들이 있습니다. 우선, 도시에 적당한 공원과 녹지 공간을 확보하도록 합니다. 이를 위해서 건축에 적합하지 않는 대지를 활용하고 강과 산처럼 중요한 지표와 근접한 공간을 녹지 공간으로 할당함으로써 사람들이 경관을 볼 수 있도록 할 수 있습니다. 둘째로 강들을, 가능하다면 어느 곳이라도 깨끗하게 유지해야 합니다. 강에 가까운 사업장들은 강에 쓰레기를 버리는 것을 금지해야 하며 하수는 강으로 흘려보내지 않고 도시에서 떨어진 연못에서 정화시켜야 합니다.

IELTS PRACTICE TEST 05

PART 1

1. Do you like traveling?

여행을 좋아합니까?

> **Model Answer**
>
> Yes I do. I love traveling if it is possible. I like to see new things and visit different places.
>
> 예. 가능하다면 여행하길 좋아합니다. 저는 새로운 것을 보고 다른 장소를 방문하길 좋아합니다.

> **High-level Answer**
>
> No. I prefer to stay at home. I feel very stressed when I am away from familiar surroundings.
>
> 아니요. 저는 집에 있는 것이 더 좋습니다. 친숙한 환경에서 벗어나면 매우 스트레스를 받습니다.

2. Where did you go for your most recent holiday?

가장 최근의 휴가를 어디로 갔습니까?

> **Model Answer**
>
> I went to Fiji with my family for one week. I stayed at a resort that was next to the beach.
>
> 저는 일주일 동안 가족과 피지에 갔습니다. 바닷가 옆에 있는 리조트에 머물렀습니다.

> **High-level Answer**
>
> The last place I visited was Jeju Island. I have a friend who lives there so I spent most of my time with her.
>
> 제가 방문한 마지막 장소는 제주도였습니다. 그곳에 친구가 살고 있어서 대부분의 시간을 그녀와 함께 보냈습니다.

3. What did you do during your holiday?

휴가 동안에 무엇을 했습니까?

> **Model Answer**
>
> Most of the activities in Fiji were water based. One activity that was memorable was

snorkeling but I also did sailing and canoeing.

피지에서 대부분의 놀이들은 물에서 이루어졌습니다. 기억에 남는 활동의 하나는 스노클링이었지만 또한 세일과 카누도 했습니다.

I visited Jeju Island during the Cherry Blossom festival. The Cherry Blossom flowers were beautiful and it was very enjoyable to walk amongst the trees.

저는 벚꽃 축제 기간에 제주도에 갔습니다. 막 피어나는 벚꽃은 아름다웠고 나무 사이를 걷는 것은 매우 즐거웠습니다.

4. **Where would you like to go for your next holiday?**

다음 휴가는 어디로 가고 싶나요?

I would like to go to Hong Kong. I have heard that the shopping there is great.

저는 홍콩에 가고 싶습니다. 그곳에서 쇼핑하기가 좋다는 말을 들었습니다.

I am planning to go to Seoul because I would like to go to Lotte World and Yeouido Park.

저는 롯데월드와 여의도공원에 가고 싶기 때문에 서울에 갈 계획입니다.

5. **What place would you recommend overseas tourists visit in your town?**

당신의 마을에서 외국 관광객들에게 추천할 만한 곳이 어디입니까?

I think that people should visit one of the royal palaces. They are unique to Korea and have very beautiful gardens.

사람들이 궁궐 중의 한 곳을 방문해야 한다고 생각합니다. 그곳들은 한국적인 곳이고 매우 아름다운 정원이 있습니다.

I think the best place to visit in my town is the harbour. People can go sailing or fishing if they want and you can get a beautiful view of the hills that surround my town.

우리 마을에서 가장 가볼 만 한 곳은 항구라고 생각합니다. 원한다면 배를 타거나 낚시를 할 수 있으며 마을을 감싸고 있는 언덕의 아름다운 전경을 볼 수도 있습니다.

PART 3 _ 정답 및 해설 ● **175**

Talk about English study.
You should say:

How long you have been studying English
What do you think the best way to learn English is
Why you feel you need to learn English

And explain how you plan to use English.

영어 학습에 대해 말하시오.
당신은 다음 사항을 말해야 합니다.

얼마나 오랫동안 영어를 공부하였는지
영어를 배우기 위한 가장 좋은 방법
왜 당신은 영어를 배워야 한다고 느끼는지

그리고 영어를 어떻게 사용할지 설명하십시오.

Model Answer

1 Minute Notes : 5W+1H+ETC

Where	At home by myself 집에서 혼자서
When	
Who	I have conversations with my children. 아이들과 대화합니다.
What	Practise 연습
Why	Important for job, go overseas for children's education 구직과 아이들의 해외 유학에 중요합니다.
How	For 2 years 2년 정도
Etc	I will use it to read my children's reports and fit in when I move to Australia. 아이들의 성적표를 읽고 호주로 이사할 때 적응하기 위해 사용할 것입니다.

That's a good question. I have been studying English for two years. Twenty years ago I studied English at school. Unfortunately I didn't continue with English after I left school. Now I do all my studying at home by myself.

My opinion is that the best way to learn English is to practice. My husband knows some English. My children also have learned some words. So I try to have conversations with them in English. They also get practice when they reply to me. At home I listen to English TV shows. Sometimes I don't know the words but I can look at the pictures to understand the words. I also like to read newspapers in English. I read the news stories in Korean first. Then I can understand the English news better.

I want to learn English because my children will need to learn it. I want to take them to Australia. I will need to learn some English before I go there. I want my children to study English so they can get into a good career. It will be difficult to live in Australia if I cannot speak English. I need to be able to understand my children's reports. I also want to fit in when I am in Australia. I will continue to study when I go there.

흥미로운 질문입니다. 저는 2년간 영어 공부를 하고 있습니다. 20년 전에 저는 학교에서 영어를 공부했습니다. 불행하게도 저는 학교를 졸업한 후 계속 영어를 하지 않았습니다. 지금 저는 집에서 혼자 공부를 하고 있습니다.

저의 생각으로 영어를 배우기 위한 가장 좋은 방법은 연습입니다. 나의 남편은 어느 정도 영어를 알고 있습니다. 나의 아이들도 단어들을 배우고 있습니다. 그래서 저는 그들과 영어로 대화하려고 합니다. 그들은 또한 나에게 대답을 하면서 연습을 하곤 합니다. 집에서 저는 외국 TV 프로그램을 듣습니다. 가끔은 단어를 모르지만 영상을 보면서 단어를 이해할 수 있습니다. 나는 또한 영어로 신문을 읽기를 좋아합니다. 나는 한국어로 우선 신문 내용을 읽습니다. 그러면 영어 기사를 더 잘 이해할 수 있습니다.

저는 아이들이 영어를 배울 필요가 있어서 영어를 배우고자 합니다. 저는 아이들을 데리고 호주에 가고 싶습니다. 제가 그곳에 가기 전에 영어를 배울 것입니다. 나의 자녀들이 영어를 배워서 좋은 직업을 가질 수 있기를 바랍니다. 만일 제가 영어를 말할 수 없다면 호주에서 살기가 힘들 것입니다. 아이들의 성적표를 이해할 수 있어야 합니다. 또한 내가 호주에 있으면서 그곳에 적응하고 싶습니다. 나는 그곳에서도 공부를 계속 할 것입니다.

1 Minute Notes : 5W+1H+ETC

Where	At school 학교에서
When	Started at middle school 중학교 때 시작
Who	
What	Reading and being unafraid to practice with native speakers 독서와 외국인과 말하는 것을 두려워하지 않는 것
Why	Important language for international business 국제무역에 필수 언어이기 때문에
How	Studying for ten years 10년 동안 공부해왔습니다.
Etc	Hope to use English to further my career. 경력을 더 확장시키는데 사용하려고 합니다.

I have been studying English for around 10 years. I first learned English when I was in middle school although I had heard it earlier on subtitled TV programmes and so I was familiar with the sounds of the language.

I feel that the best way to learn English is to practice and, wherever possible, read books written by native speakers of English in order to build my vocabulary and become familiar with grammar rules and meanings. I also believe that it is important to not be afraid of making mistakes. Most English speakers are tolerant of mistakes and will be able to understand the meaning of the sentence. They can also assist with pronunciation and correcting any errors.

Learning English is essential to living in the modern, globalized world. A person unable to communicate with people in different countries loses the opportunity to do business with the rest of the world and therefore puts themselves at a huge disadvantage when selling their products or buying raw materials. Learning another language also helps to bridge the gaps between cultures and promotes understanding among people which is the best way towards leading the world to peace and prosperity. I hope to use my English skills to further my career when I start work.

저는 영어를 10년 정도 공부해 왔습니다. 중학교 때 영어를 처음 배웠는데, 이미 그전에 자막 있는 TV 프로그램을 통해 영어를 들어서 소리에는 익숙했습니다.

영어를 배우기에 가장 좋은 방법은 연습과, 단어를 늘이고 문법과 의미에 익숙해지기 위해서 영어가 모국어인 사람이 쓴 책을 어디에서든지 읽는 것입니다. 또한 실수를 저지르는 것을 두려워하지 않는 것이 중요하다고 생각합니다. 대부분 영어를 말하는 사람들은 실수에 너그러우며 문장의 의미를 이해할 수 있습니다. 그들은 또한 발음을 지적해 주며 잘못을 수정해 줍니다.

영어를 배우는 것은 세계화된 현대사회를 살아가는 데 필수적입니다. 다른 나라 사람들과 의사소통을 할 수 없는 사람들은 세계 여러 나라와 사업을 하는 기회를 잃게 되며 따라서 제품을 팔거나, 원자재를 구입할 때 막대한 불이익에 놓이게 됩니다. 다른 언어를 배우는 것은 또한 문화들 간의 간격을 메우는 데 도움이 되며 사람들 간의 이해를 촉진시켜 세계를 평화와 번영으로 이끄는 최상의 방법입니다. 나는 영어를 사용하여 내가 일을 시작할 때 경력을 더 확장시키는 데 사용하려고 합니다.

1. Do you feel that English will remain the most common second language into the future?

영어가 미래에도 가장 보편화된 제2외국어로서 존재할 수 있다고 생각합니까?

Model Answer

I feel that English may decrease in importance in the future. It will still be useful for Koreans to know but Korea will be dealing more with its close neighbours in the future. Korea has the benefit of having two large economies on its doorstep in China and Japan. Over time, it is very likely that these will become the dominant market for Korean products. Because of their closeness, they will also be the main market for tourists coming to Korea. Thus, I feel that, in the future there will be more demand from businesses for graduates fluent in these languages in addition to English.

나는 미래에는 영어의 중요성이 줄어드리라 생각합니다. 한국 사람들에게 여전히 영어를 아는 것이 유용하겠지만 미래에 한국은 가까운 이웃 나라들과 더 많은 거래를 할 것입니다. 한국은 중국과 일본과 근접함으로써 두 나라의 막강한 경제의 혜택을 갖고 있습니다. 시간이 지남에 따라, 십중팔구 이곳들은 한국 상품들의 독점 시장이 될 가능성이 있습니다. 이런 근접성 때문에 그들은 또한 한국을 방문하는 관광객들을 위한 주요 시장이 될 것입니다. 그러므로 나는 미래에는 영어 이외에 이들 언어에 유창한 졸업생들을 기업에서 더 많이 필요로 할 것이라고 생각합니다.

High-level Answer

While the United States remains the world's largest economy, English will remain the most common language for international business and so will retain its importance. If Koreans are dealing with Europe or South America it is logical to learn English in order to be able to sell to all markets. Korean companies also judge prospective employees on their ability to converse in English prior to employment. Because of this reason, English will most likely continue to be the number one language for the foreseeable future.

미국이 세계적 부국으로 존재하는 한 영어는 국제 거래에 가장 보편화된 언어로 남게 되고 그 중요성을 유지할 것입니다. 만약 한국 사람들이 유럽 혹은 남미와 교류가 있다면 모든 시장에 판매를 할 수 있기 위해서는 영어를 배우는 것이 논리적입니다. 한국 기업들 또한 고용하기 전에 사원이 될 사람들을 영어 의사소통 능력으로 평가를 합니다. 이러한 이유 때문에 영어는 분명 가까운 미래를 위한 제1언어로 지속될 것입니다.

2. What are the benefits of learning English as opposed to Chinese or Japanese?

중국어와 일본어에 반해 영어를 학습하는 것이 어떤 이점이 있습니까?

Model Answer

Although I feel that there will be more demand for Chinese and Japanese, English still has lots of benefits. For a start, Chinese is only spoken in China and Taiwan and Japanese is only spoken in Japan. Therefore a graduate who only learns these languages is stuck dealing with that country for his working life. By learning English a student will have more opportunities when they enter the work force. When traveling, English also has a big advantage. Most tourists are English speakers so signage is invariably in English overseas. The ability to speak English will allow people to travel to other countries easily.

비록 중국어와 일본어에 관한 더 많은 수요가 있겠지만 나는 영어가 여전히 많은 이점이 있다고 생각합니다. 우선, 중국어는 오직 중국과 대만에서 사용되고 일본어는 단지 일본에서만 사용됩니다. 그러므로 이들 언어를 배운 졸업생들은 직업 생활에서 그 나라들과 거래에만 국한될 것입니다. 영어를 배우는 학생들은 그들이 직업전선에 뛰어들 때 더 많은 선택을 할 수 있습니다. 영어는 또한 여행을 할 때 큰 장점이 됩니다. 대부분의 관광객들이 영어를 구사하는 사람들이어서 해외에는 표지가 항상 영어로 되어 있습니다. 영어를 구사할 수 있는 능력은 사람들로 하여금 다른 국가를 쉽게 여행할 수 있게 합니다.

High-level Answer

As I have mentioned, English is the language most commonly used in international business. Because of their proximity to Korea, China and Japan are going to be important markets for some Korean products, but in many instances their exports compete with our goods and so cannot be an important market. When traveling overseas, most tourist attractions and hotels will have signage in English and the native language at the very least. So the major advantages that English has, are that it can be used in a larger variety of international markets and it is the easiest language to get around in foreign countries.

내가 언급한 바와 같이, 영어는 국제 교역에서 가장 흔히 사용되고 있습니다. 한국과 근접한 이유로, 중국과 일본이 일정 한국 제품의 중요한 시장이 될 것이지만 많은 경우에 있어서, 그들의 수출품이 우리의 상품과 경쟁을 하고 있으므로 중요한 시장이 될 수는 없습니다. 외국을 여행할 때 대부분의 관광지와 호텔들이 영어로 표시되어 있고 그 지역 언어는 아주 드뭅니다. 그러므로 영어가 갖고 있는 주요 장점은 국제시장에서 폭넓게 다양하게 사용되며 외국을 방문하기에 가장 손쉬운 언어입니다.

3. **What difficulties do you think there are in learning English?**
영어를 학습함에 어떤 어려움이 있다고 생각합니까?

> **Model Answer**

From my experience, the biggest problem with learning English is that the rules are flexible. For instance, most words have -ed on the end when they are in past tense but not all, such as 'bought' or 'won'. There are so many exceptions that we need to remember that it makes it very difficult. The other major problem for Koreans is that our language has no articles like 'a' and 'the'. So we don't know when to use them. We also have a difficult time addressing others. In Korea, we consider the country to be a whole, big family so we address strangers as uncle, aunt, big sister and so on. This is not done in English so I am often afraid to talk to someone in case I offend them. It is very hard to know when to say you or when to refer to a person by name or by title.

나의 경험으로 봐서, 영어를 배우는 가장 큰 문제는 영어의 규칙이 일정치 않다는 것입니다. 예를 들면, 대부분 단어들이 과거시제일 때 끝에 ed를 붙이지만 'bought' 혹은 'won'의 경우처럼 모두 그런 것은 아닙니다. 그러므로 우리가 기억해야 할 많은 예외가 있어서 그것이 영어를 매우 어렵게 만듭니다. 한국 사람들에게 다른 주요 문제는 우리 언어에 'a'나 'the'와 같은 관사가 없다는 것입니다. 그래서 그것들은 언제 사용할지 모릅니다. 우리는 또한 다른 사람의 호칭에 어려움이 있습니다. 한국은 하나의 대가족으로 된 국가로서 우리는 다른 사람을 아저씨, 아주머니, 큰언니 등으로 부릅니다. 이런 것들은 영어에는 없으므로 나는 종종 내가 그 사람들에게 무례하게 되는 경우가 생길까봐 다른 사람과 대화하는데 두려움이 있습니다. 당신이라고 말해야 할 때와 이름이나 직함을 불러야 할 때를 아는 것은 매우 어렵습니다.

> **High-level Answer**

English has several difficulties for Korean students. Firstly, there are more sounds used in English than Korean, the sounds made by the letters r, v, z, and f do not exist in our language. This makes pronunciation difficult for beginners and can result in some embarrassing errors which decrease the confidence of learners. Secondly, there is no Korean equivalent for 'a' and 'the' and the rules for the use of these two words are complex. Thus, Korean learners of English often either use them incorrectly or else forget to use them which makes their sentences sound strange. Lastly, English does not have the obvious formal language that Korean does and it isn't clear for Korean speakers which words are formal and on what occasions to use them.

영어는 한국 학생들에게 여러가지 어려움들이 있습니다. 우선, 한국어보다 영어가 더 많은 소리를 가지고 있으며, r, v, z와 f 문자로 이루어지는 소리는 우리나라에 존재하지 않습니다. 이런 것들이 초급자들에게 발음의 어려움을 갖게 하며 배우는 사람들의 자신감을 감소시키는 창피한 실수를 하게 만들 수 있습니다. 두 번째, 한국어에는 'a'와 'an'과 동일한 것이 없으며 이 두 단어를 사용하는 법칙이 까다롭습니다. 그래서 영어를 배우는 한국 사람들은 종종 그것들을 잘못 사용하거나 혹은 그것들을 사용하는 것을 잊어버려 문장이 어색하게 들립니다. 마지막으로 영어는 한국어가 가진 명백한 공경어가 없어서 한국인에게는 어떤 단어가 공경어이고 그것들을 어느 경우에 사용하는지가 명백하지 않습니다.

4. What do you think could improve the performance of people learning English as a second language?

제2외국어로 영어를 학습하는 사람들이 성과를 거둘 수 있는 방법은 무엇이라 생각합니까?

Model Answer

I think that we should look at special schools where all instruction is done in English. This is done in places like Hong Kong and Singapore and as a result most people in these countries have some ability in English. Students who went through this system would have little difficulty with English speaking. For people who have already finished school, the emphasis should be on conversation practice; For example: English conversation cafes, where more experienced speakers converse with beginners. This should help learners gain more confidence.

나는 모든 지시들이 영어로만 이루어지는 특별 학교를 주시해야 한다고 생각합니다. 이 학교들은 홍콩과 싱가포르와 같은 나라에서 이루어지고 있는데 그 결과 이 국가의 대부분의 사람들은 영어에 있어 일정한 능력을 갖고 있습니다. 이런 시스템을 마친 학생들은 영어 의사소통에 어려움이 거의 없습니다. 이미 학교를 마친 사람의 경우, 예를 들면, 영어 대화 카페와 같이 더 많은 영어 구사 경험이 있는 사람들이 초급자들과 대화를 나누는 곳에서 대화 연습을 하는 데 중점을 두어야 합니다. 이것은 초급자에게 더 많은 자신감을 얻게 하는 데 도움이 됩니다.

High-level Answer

I think, because of the popularity of English learning in Korea, that many people in the language learning industry are just trying to make money rather than ensuring that students learn correct language. There should be some standards put in by the government to ensure that all hagwons are teaching students useful information. I think that the best way to improve Korea's performance in English learning is to encourage native speakers to come to Korea to teach and by encouraging children to practice their speaking wherever possible.

내가 생각하기에 한국에서 영어 학습의 대중화 때문에 언어 학습 산업 부문의 많은 사람들이 학생들이 정확한 언어를 학습하는 데 주력하기보다는 단지 돈벌이를 하려고 합니다. 정부 차원에서 일정 기준을 제시하여 모든 학원에서 학생에게 유용한 정보를 가르치도록 해야 합니다. 내가 생각하기에 한국이 영어 학습의 성과를 향상하는 최선의 방법은 원어민들이 한국에 와서 지도할 수 있게 장려하고 아이들이 가능하다면 어느 곳에서라도 말하기를 연습할 수 있도록 고무하는 것입니다.

5. What English words have become part of your local language?

당신의 모국어의 일부가 된 영어 단어들이 무엇입니까?

Most Korean words related to technology have come from English, for example 'telebijon', 'dibidi' and 'intanet'.

대부분의 기술과 연관된 단어들은 영어에서 옵니다. 예를 들면 텔레비전, 디비디 그리고 인터넷입니다.

Many English words and phrases have entered the Korean language such as internet, computer and handphone. Intriguingly, words such as 'handphone' and 'eye-shopping' do not exist in English; people have just appropriated them because English sounds trendy.

인터넷, 컴퓨터, 그리고 핸드폰과 같은 많은 영어 단어들과 구들이 한국어에 유입되어 왔습니다. 흥미롭게도 'handphone'과 'eye-shopping' 같은 단어가 영어에는 존재하지 않습니다. 사람들은 단지 영어가 유행인 것처럼 들리기 때문에 그런 단어를 사용한 것입니다.

6. Do you think that the addition of English phrases to your language has a negative impact on your native language?

당신의 언어에 영어 구문이 추가된 것이 모국어에 부정적인 영향을 준다고 생각합니까?

Model Answer

My opinion is that this is a problem for our language. The use of Konglish phrases is making it very difficult for learners. Konglish is mostly incorrect and it becomes confusing to learners. The other problem for us is the pronunciation of these English loan words. Our language doesn't have all the sounds that English does so these words sound different in the two languages.

나는 그것이 우리 언어에 문제가 된다고 느낍니다. 콩글리쉬 문구의 사용은 학습자에게 매우 어려움을 줍니다. 콩글리쉬는 대부분 틀린 것이어서 학습자에게 혼동이 됩니다. 우리가 갖는 또 다른 문제는 이런 차용어들의 발음입니다. 우리나라 말은 영어가 갖고 있는 모든 소리를 갖고 있지 않아서 이런 단어들은 두 언어에서 소리의 차이가 있습니다.

High-level Answer

I am certain that Korean is not the only language that has been infiltrated by English words and phrases. I think this is all part of language evolution, when a new item is introduced to a place then it is much easier to use its current name in a foreign language than to invent a new word. It even happens to English, Korea's national dish is called Kimchi in English too and Sushi has retained its Japanese name. Historically, many Korean words came from Chinese as the upper classes considered Chinese to be the language of the elite and Korean to be the language of the un-educated lower classes. Over time, the languages merged leaving Korean where it is today.

나는 확실히 한국어가 영어 단어와 구가 침투한 유일한 언어는 아니라고 생각합니다. 내가 생각하기에 이 모든 것은 언어 변화의 한 부분으로, 어느 장소에 새로운 상품이 소개될 때 새로운 언어를 만들어 내기 보다는 외국어로 된 그것의 현재 이름을 사용하는 것이 훨씬 수월하다고 생각합니다. 영어에도 이런 경우가 있는데 한국의 전통 음식이 영어로도 역시 김치로 불리고 스시는 일본 이름 그대로 사용되고 있습니다. 역사적으로, 많은 한국어들이 중국어에서 유래했는데, 상류계급에서 한자를 학식이 있는 계층의 언어로 간주하고 한글을 교육받지 못한 하류계급의 언어로 여겼기 때문입니다. 시간이 지나서, 그 말들은 한국어에 흡수되어 오늘날 한국어에 남아있습니다.

TEST 05

IELTS PRACTICE TEST 06

PART 1

1. **What type of things do you like to do with your friends?**

    친구와 함께 어떤 것을 하는 것을 좋아합니까?

    ### Model Answer

    I enjoy meeting up with my friends after class at the coffee shop. It is a great way to relax and talk about the day's events.

    저는 방과 후에 커피숍에서 친구를 만나는 것을 좋아합니다. 편안하게 쉬면서 하루의 일과에 대해 이야기하기에 좋은 방법입니다.

    ### High-level Answer

    Usually I meet my friends for a round of golf. We all went to the same university and have the same interests so it is a perfect way to spend our time together.

    보통은 골프를 하면서 친구를 만납니다. 우리는 모두 같은 대학교를 다녔고 같은 취미를 공유하므로 그것이 시간을 함께 보내기에 가장 적합한 방법입니다.

2. **Do you prefer to have lots of friends or just a few close friends?**

    당신은 많은 친구를 갖는 것과 몇 명의 가까운 친구를 갖는 것 중 어느 것을 더 좋아합니까?

    ### Model Answer

    I like to have lots of friends. If I invite all my friends over there is always a lots of things happening and an exciting atmosphere.

    저는 많은 친구를 갖고 싶습니다. 만일 나의 모든 친구들을 초대한다면 항상 많은 일들이 일어나고 흥미로운 분위기가 됩니다.

    ### High-level Answer

    I prefer to have a few close friends. Having lots of friends makes it difficult to talk in private to somebody.

    저는 몇 명의 가까운 친구를 갖는 것을 더 좋아합니다. 많은 친구가 있다면 누군가와 사적으로 이야기하는 것이 어렵게 됩니다.

3. What do you think is the best quality a friend can have?

친구가 가져야 할 가장 중요한 자질이 무엇이라고 생각합니까?

Model Answer

I think the best quality of a friend is their humour. I love it when my friends make me laugh.

친구로서 가장 중요한 자질은 유머라고 생각합니다. 나는 친구들이 나를 웃기는 것을 좋아합니다.

High-level Answer

The most important quality of a friend is their ability to listen. I like to talk with my friends about the things that happen in my life and hope they can help if I have a problem.

친구로서 가장 중요한 자질은 들어줄 수 있는 능력입니다. 저는 친구들과 나의 신변잡기를 이야기하는 것을 좋아하고 내가 어려움이 있을 때 친구들이 나를 도와주기를 바랍니다.

4. What do you like to talk about with your friends?

친구들과 무슨 이야기를 하는 것을 좋아합니까?

Model Answer

I like to talk about the latest trends. We enjoy talking about fashion, movies, music and anything else popular at the time.

저는 최신 경향에 대해 이야기하는 것을 좋아합니다. 패션, 영화, 음악 그리고 그 밖에도 그 당시 인기 있는 것에 대해 이야기하는 것을 즐깁니다.

High-level Answer

My friends and I enjoy talking about our lives, particularly about our children. I think we share almost everything about our lives.

나의 친구들과 나는 우리의 일상, 특히 아이들에 관해 말하는 것을 즐깁니다. 나는 우리의 생활에 대해 거의 모든 것을 공유한다고 생각합니다.

5. How often do you meet with your friends?

친구들과 얼마나 자주 만납니까?

Model Answer

I meet my friends every day. We all go to the same university and we usually meet before and after classes.

저는 매일 친구들과 만납니다. 우리는 같은 대학교를 다니고 있어 보통 수업 전후에 만납니다.

High-level Answer

I see my friends once a week. I work long hours so I only have free time to see them on the weekend.

저는 일주일에 한 번 친구와 만납니다. 긴 근무시간으로 단지 주말에야 친구들을 만날 여유를 갖습니다.

Talk about an electronic device that you use
You should say:
>   What it is
>   What advantages it has
>   What disadvantages it has
And describe how you use the electronic device.

당신이 사용하는 전자 기기에 대하여 말하시오.
당신은 다음 사항을 말해야 합니다.
>   무엇인지
>   그것의 장점들이 무엇인지
>   그것의 단점들은 무엇인지
그리고 그 전자 기기를 어떻게 사용하는지 설명하시오.

Model Answer

1 Minute Notes : 5W+1H+ETC

Where	
When	Bought recently 최근에 구입
Who	
What	My computer 내 컴퓨터 (advantages) Check share prices (장점) 주식 가격 확인 (disadvantages) Very expensive, viruses (단점) 매우 고가, 바이러스
Why	
How	Keeping in contact with others, storing photographs 다른 사람들과 연락, 사진 저장
Etc	My son likes to use the computer for games. 내 아들은 컴퓨터 게임하는 것을 좋아합니다.

This is a subject I enjoy. I would like to talk about my computer. I have owned a computer since I was a teenager. I use it regularly. Recently, I bought a new one because I like to upgrade to the newest technology.

There are lots of good things about computers. I invest money in the stock market. I can use my computer to check the prices of shares. Because of this I know the best time to buy and sell my shares. It helps me to make money. In addition to this, I like to keep in contact with my friends from university. It is very easy to e-mail them frequently. Finally, I can use my computer to store my family photographs. During our holiday I took lots of photos. I also like to take pictures of my family so we can remember my children growing up. However, I am not the only member of my family who likes to use my computer. My son likes to play games when he has some free time. He uses it for his homework as well. Sometimes when he says he is doing homework, I think he is really playing games.

My computer has only a few disadvantages. New technology comes out all the time. So computers become old-fashioned very quickly. It is very expensive to buy a new computer every year. Another problem is that computers can get viruses. A computer virus damaged my old computer. Some programmes stopped working. I had to get them fixed. But I don't mind these problems. I can avoid them if I am careful.

이것은 제가 흥미로워 하는 주제입니다. 저는 컴퓨터에 대해 말하고 싶습니다. 저는 청소년일 때부터 줄곧 컴퓨터를 가지고 있습니다. 저는 그것을 정기적으로 사용합니다. 나는 최근에 최신 기술로 향상된 컴퓨터를 원하기 때문에 새로운 컴퓨터를 샀습니다.

컴퓨터는 좋은 점이 많이 있습니다. 저는 주식에 돈을 투자하고 있습니다. 저는 컴퓨터를 사용하여 주식 가격을 확인할 수 있습니다. 이렇게 하기 때문에 저는 주식의 구매와 판매의 적기를 압니다. 컴퓨터는 돈을 버는데 도움이 됩니다. 게다가, 나는 대학교 친구들과 연락하기를 좋아합니다. 그들에게 자주 이 메일을 보내는 것이 수월합니다. 마지막으로 나는 컴퓨터를 가족사진들을 저장하는데 사용할 수 있습니다. 휴가 동안 나는 많은 사진들을 찍었습니다. 또한 나는 아이들이 성장하는 것을 기억할 수 있도록 가족들의 사진을 찍는 것을 좋아합니다. 하지만 저는 가족 중에 컴퓨터를 사용하는 것을 좋아하는 유일한 사람이 아닙니다. 나의 아들은 시간이 있을 때, 게임을 하는 것을 좋아합니다. 그는 컴퓨터로 숙제도 합니다. 가끔은 그가 숙제를 한다고 말할 때 나는 그가 사실은 컴퓨터 게임을 한다고 생각합니다.

나의 컴퓨터는 단지 몇 가지 단점들이 있습니다. 신기술이 항상 출현합니다. 그러므로 컴퓨터는 금방 구식이 됩니다. 매년 새로운 컴퓨터를 사는 것은 매우 돈이 많이 드는 일입니다. 다른 문제는 컴퓨터가 바이러스에 걸릴 수 있다는 것입니다. 컴퓨터 바이러스가 나의 예전 컴퓨터를 손상시켰습니다. 몇몇 프로그램이 작동을 멈췄습니다. 나는 컴퓨터를 고쳐야만 했습니다. 하지만 나는 이런 문제를 개의치 않습니다. 내가 조심한다면 그것들을 방지할 수 있습니다.

1 Minute Notes : 5W+1H+ETC

Where	
When	10 years ago 10년 전
Who	
What	My mobile phone 이동전화 (advantages) Makes communication easier and handier (장점) 의사소통을 쉽고 편리하게 합니다. (disadvantages) No longer have any privacy and teenagers can become addicted. (단점) 더 이상 사생활 보호가 안 되고, 청소년이 중독될 수 있습니다.
Why	
How	I can use it to communicate with my children and workmates. 나는 아이들과 동료들과 통화할 때 사용한다.
Etc	

The electronic device which I think has made the biggest impact on my life is my mobile phone. I have owned a mobile phone for around ten years now and so it has become a major part of my life.

Mobile phones have several advantages. Firstly they have enabled people to be contacted easily. Parents can now contact their children when the children are out and it is much easier to organize groups of people for parties or for dinner when they can all be contacted at the same time. My mobile phone is also invaluable for my job, as I can be contacted while out of the office and while overseas. In this way the mobile phone has enabled me to make sales that would have otherwise been missed.

However, the mobile phone has a few disadvantages too. It means there is no longer any chance of privacy as the mobile phone can be used for contact at all times. Therefore it can be a nuisance and spoil events that were supposed to be private matters such as dates and birthday parties. Teenagers addicted to mobile phone use can also build up huge phone bills.

나의 인생에 가장 커다란 영향을 미쳤다고 생각하는 전자 기기는 이동전화입니다. 나는 10년 정도 이동전화를 소유해 왔고 지금은 생활의 주요 부분이 되었습니다.

이동전화는 여러가지 장점이 있습니다. 우선 사람들과 쉽게 연락할 수 있습니다. 아이들이 밖에 있을 때 자녀들과 연락이 가능하며, 한 번에 연락이 가능하므로 저녁 모임이나 파티를 구성하기가 훨씬 쉬워졌습니다. 이동전화는 나의 일에도 귀중한데, 왜냐하면 내가 사무실 밖에 있거나 외국에 있어도 연락이 가능하기 때문입니다. 이처럼 이동전화가 없었더라면 불가능했던 판매를 가능하게끔 하고 있습니다.

하지만, 이동전화는 몇 가지 단점도 있습니다. 이동전화는 언제든지 연락이 가능하므로 더 이상의 사생활이 없게 됩니다. 그러므로 데이트나 생일 파티와 같은 개인적인 일에 방해가 되고 망칠 수도 있습니다. 청소년들은 이동전화 사용에 중독이 되어 엄청난 대금청구서가 생기기도 합니다.

1. **What functions do you think future mobile phones will have?**
당신은 미래의 휴대폰이 갖게 될 기능이 무엇이라 생각합니까?

Model Answer

In the future, I think that mobile phones will become like mini-computers. I think that the main new function of mobile phones will be video calling replacing voice only calls. The reason I think that video calling will be popular is that people like to talk to others face to face. It will be useful for business people trying to conclude deals and for parents when they are speaking to their children. Another function that I can imagine in the future is the ability to pay for everything on mobile phone credit. It is very easy to pay for subway tickets or parking just by sending a text message. Vending machines could also have a text message to pay option. This will make buying things much simpler in the future.

미래에 나는 휴대폰이 소형 컴퓨터처럼 되리라 생각합니다. 나는 휴대폰의 주요 새로운 기능이 단지 음성통화만이 아닌 영상 전화로 대체되리라 생각합니다. 영상 통화가 보편화될 것이라 생각하는 이유는 사람들이 상대의 얼굴을 보면서 통화하는 것을 좋아하기 때문입니다. 사업을 하는 사람에게는 거래를 마무리 짓는데, 그리고 부모들에게는 그들의 자녀들과 대화할 때 유용할 것입니다. 미래에 내가 생각할 수 있는 다른 기능은 휴대전화 결제로 모든 것을 지불할 수 능력입니다. 문자 메시지 보내 전철 표나 주차료를 지불하는 것은 아주 쉽습니다. 또한 자판기는 문자메시지도 결재수단으로 두게 될 것입니다. 미래에는 이렇게 되어 물건 구매가 훨씬 간편해 질 것입니다.

High-level Answer

The trend in electronics is for mobile phones to perform large numbers of functions originally performed by different machines. I think in the future that the functions for standard mobile phones will include storing movies for watching on DVDs which people can watch on the subway or while out of the house. We could also see mobile phones capable of playing complex games similar to handheld computer games. It could be possible in the future to dictate text messages to the phone which would be much safer for people who are otherwise occupied.

원래는 다른 기계에 의해 이루어졌던 많은 기능들을 휴대폰이 수행하는 것이 전자 제품의 최근 경향입니다. 나는 미래에 일반 휴대전화가 영화를 저장하여 사람들이 전철이나 집 밖에 있을 때도 DVD를 볼 수 있는 기능을 갖게 되리라 생각합니다. 우리는 또한 컴퓨터 게임과 유사한 복잡한 게임을 할 수 있는 휴대폰도 볼 수 있을 것입니다. 미래에는 전화에 문자 메시지를 지시할 수 있을 가능성도 있는데, 이것은 문자 메시지를 보내기 위해 휴대폰에 매달려야 하는 사람들에게 훨씬 더 안전할 것입니다.

2. Do you feel that all these additional functions would be useful for you?
이 모든 부가적인 기능들이 당신에게 유용할 것이라 느낍니까?

Model Answer

I imagine I would use both of the functions I discussed. Video calling would be very desirable for keeping in contact with my family. When I am away from home it is comforting to be able to speak with my family. I believe it would be even more comforting to be able to see my family when I am away from home. I think this would be useful even during conversations with my friends. I can see their expressions when speaking. This will make talking to them much more fun. I can also foresee myself using the payment function. It is much simpler to text to pay for something rather than searching around for cash. In the future it is also possible that this will be the only way to pay for things.

나는 내가 말한 두 기능을 다 사용할 것입니다. 영상 통화는 가족과 연락을 하는데 매우 좋은 방법일 것입니다. 집을 떠나 있을 때 가족과 이야기할 수 있다는 것은 위안이 되는 일입니다. 집을 떠나 있는데 가족을 볼 수 있으므로 훨씬 더 위안이 되리라 믿습니다. 나는 그것이 친구들과 대화를 할 때도 유용하리라 생각합니다. 말할 때 그들의 표정을 볼 수 있습니다. 이렇게 하면 그들과 대화가 더 재미있게 될 것입니다. 나는 또한 내가 지불 기능을 사용하는 것을 예견할 수도 있습니다. 현금을 찾기 위해 돌아다니는 것보다 문자 메시지로 물건값을 지불하는 것이 훨씬 간편합니다. 또한 미래에는 물건값 지불에 이 방법만이 사용될 가능성도 있습니다.

High-level Answer

Of the future functions I mentioned, the only one I could foresee as being useful to me is the ability to dictate text messages. It is very distracting to receive texts while driving which then cannot be replied to until the journey is over. I can imagine I would use the dictate function at some stage. I can't believe I would need the DVD function unless I had some children who needed entertaining for some time. Apart from that I do not think I would have any use for the DVD function. Similarly, I cannot see myself using a games function because I don't have the time to use it.

내가 언급했던 미래 기능 중에서 나에게 유용하리라고 예상할 수 있는 오직 하나는 문자 메시지를 받아 적는 기능입니다. 운전을 하고 있는 동안 문자 메시지를 받아 운전이 끝날 때까지 답신을 할 수 없는 것은 매우 신경 쓰이는 일입니다. 언젠가는 그 받아쓰기 기능을 사용하게 되리라고 생각합니다. 일정 시간 놀이가 필요한 아이들이 있지 않으면 나에게 DVD 기능은 필요하지 않다고 생각합니다. 그 경우를 제외하고는 내가 DVD 기능을 사용하리라고 생각하지 않습니다. 이와 마찬가지로, 나는 시간이 없기 때문에 게임 기능을 사용하리라고 생각하지 않습니다.

3. Do you think that society is too obsessed with material possessions?
사회가 물질 소유에 너무 집착한다고 생각합니까?

Model Answer

Without a doubt, society has become far too materialistic. Humans are naturally greedy; they always want more and more things. My friend often complains that she has no clothes to wear. However, when she opens her wardrobe she has lots of clothes. Nowadays many people buy clothes that they simply do not wear. The only reason they buy them is a desire to have more things. Korea has a problem in that many people believe they must have the latest fashion clothes and handbags in order to be accepted. It is fine for the rich to go out and buy Gucci and Louis Vuitton but in many cases the people buying the expensive outfits cannot really afford them. People will go into debt in order to afford the latest things. This is not very sensible for their future. It will be very difficult for them to save up for a house or business if they are in debt because of some expensive clothing or electronic device.

의심할 여지없이, 사회는 너무도 물질주의로 변했습니다. 인간은 본래 탐욕스러워서 항상 더 많은 것을 원합니다. 나의 친구는 입을 옷이 없다고 자주 불평합니다. 하지만 그녀의 옷장을 열면 많은 옷들이 있습니다. 요즈음은 많은 사람들이 단순하게 입지도 않을 옷을 구매합니다. 그들이 옷을 구매하는 이유는 단지 더 많은 것을 갖고 싶은 욕망 때문입니다. 한국은 많은 사람들이 사람들 사이에서 받아들여지려면 최신 유행하는 옷과 가방을 가져야 한다고 믿는다는 점에서 문제가 있습니다. 부유한 사람들이 쇼핑을 가서 구찌와 루이 비통을 사는 것은 상관없지만, 많은 경우 이런 비싼 용품들을 사는 사람들이 진정 그럴 형편이 되는 것은 아닙니다. 사람들은 최신 제품을 사기 위해서 빚을 집니다. 이것은 그들의 미래에 분별 있는 행위가 아닙니다. 비싼 옷이나 전자 제품 때문에 빚을 지게 된다면 그들이 주택 구매나 사업을 위해 저축을 하는 것은 매우 어렵게 됩니다.

High-level Answer

I think that society has definitely become obsessed with materialism. People in Korea judge others by how much that person earns. Of course most people don't go around bragging about their incomes so the easiest way to tell someone's social status is by what clothes they wear and what handbag they are carrying. This is an incredible waste; money that could be invested into more useful sources is then spent on items which only have a useful life for a year or less. It also puts pressure on those who do not have such a high income. Regularly they will put themselves into debt in order to get the latest fashions or the best car and thus will put their future in doubt over something that will bring them no pleasure and an item that will not aid their future in any way.

나는 사회가 확실히 물질주의에 사로잡혀 가고 있다고 생각합니다. 한국에 있는 사람들은 얼마를 버는지에 따라 상대방을 평가합니다. 물론 대부분 사람들은 자신들의 수입에 대해 허풍을 떨지는 않습니다, 그래서 다른 사람들의 사회적인 신분을 알아채는 가장 쉬운 방법은 어떤 옷을 입었는지 그리고 어떤 핸드백을 들고 다니는지 입니다. 이것은 엄청난 낭비입니다. 왜냐하면 더 유용한 곳에 투자 할 수 있는 돈을 단지 1년 혹은 더 짧은 효용 기간을 가지고 있는 물건에 사용하기 때문입니다. 그것은 또한 수입이 그렇게 많지 않은 사람들에게 스트레스가 됩니다. 그들은 최신 유행 옷이나 좋은 자동차를 사기 위해 정기적으로 빚을 지게 될 것이고 그래서 그들에게 기쁨을 가져다 줄 수 없는 것들과, 그들의 미래에 어떤 식으로도 도움이 되지 않는 것들 때문에 자신의 미래가 불투명하게 만들게 될 것입니다.

4. What do you think could be the effects of society becoming too materialistic?
사회가 너무 물질주의화가 되면 어떤 결과가 생기리라 생각합니까?

Model Answer

If society spends too much money on material possessions then the economy may be at risk. When people spend more than their earnings on things then there is a problem. The problem is that one day this debt has to be repaid. If people are getting into debt over things with a short lifespan such as clothes or electronics then the debt will most likely outlast the object. The biggest effects of debt are that the country has less money to spend. People who would otherwise have money to spend on investing now have none. They also have no money to pay for children and in many cases are putting off having a family until too late. This is one of the causes of plummeting birth rates in Asia and Europe. Wherever possible, going into debt on assets that don't return any money should be discouraged.

만일 사회가 너무 많은 돈을 물질 소유에 사용한다면 경제는 위기에 처할 것입니다. 사람들이 그들의 벌이 보다 더 많은 돈을 물건에 사용하면 문제가 생깁니다. 문제는 언젠가 이 빚을 갚아야 한다는 것입니다. 만약 사람들이 짧은 수명을 갖는 옷이나 전자제품 때문에 점점 빚을 지게 된다면 그 빚은 물건보다 오래 지속될 것입니다. 빚이 주는 가장 큰 영향은 나라가 사용할 돈이 적어진다는 것입니다. 돈을 물건에 쓰는 대신 투자에 사용할 사람들이 이제 없게 됩니다. 그들은 자녀들을 위해 사용할 돈도 없어서 많은 경우는 가족을 갖는 시기를 너무 늦게 미룰 것입니다. 이것이 아시아와 유럽의 출생률이 급속하게 떨어지는 원인 중 하나입니다. 어떤 쪽이든지 간에, 생산적이지 않은 것 때문에 빚을 지는 일은 억제되어야 합니다.

High-level Answer

There are several risks to society becoming too materialistic such as, as I mentioned, that too many people will get into debt and this will affect their long term economic health. People who spend their entire income on material possessions will have no money to invest in companies thus reducing the ability of the country's economy to grow. Many of the material possessions that people desire are imported goods which do not help our national trade balance. Another bad effect of materialism is that people become focused on themselves and not others. This can lead to families being neglected in the relentless pursuit of objects. Lastly, materialism also contributes to waste. Many fashion items have a very short lifespan which they can be used. After this they are thrown out. This is an incredible waste of resources and will have an effect on landfills and rubbish disposal.

내가 언급했던 바와 같이 사회가 지나친 물질주의화 됨으로써 많은 사람들이 채무에 빠지게 되고 이것이 장기적 경제 상태에 영향을 미치게 되는 등 여러가지 위험이 있게 됩니다. 수입의 대부분을 물건을 소유하는데 사용하는 사람들은 회사에 투자할 돈이 없게 되며 국가 경제 성장력을 감소시키게 됩니다. 사람들이 원하는 물건들의 대부분은 우리나라 무역 균형에 도움이 되지 않는 수입품들입니다. 물질주의 또 다른 악영향은 사람들이 자신만을 생각하고 다른 사람은 생각하지 않게 된다는 것입니다. 물질만을 맹목적으로 추구하게 되어 가족들에게 소홀해 질 수 있습니다. 마지막으로 물질주의는 또한 낭비를 조장합니다. 많은 유행 상품은 그것들이 사용될 수 있는 수명이 짧습니다. 이 기간이 지난 후 버려지게 됩니다. 이런 것들은 엄청난 자원의 낭비이며 쓰레기 매립지와 쓰레기 폐기에 영향을 줄 것입니다.

IELTS PRACTICE TEST 07

PART 1

1. Can you give an example of a popular national festival in your country?

당신 나라에서 보편화된 명절의 한 가지 예를 소개할 수 있습니까?

> ### Model Answer
> One very big festival in Korea is Chuseok. Chuseok is a traditional festival to thank our ancestors for a successful harvest.
>
> 한국에서 가장 큰 행사는 추석입니다. 추석은 전통 명절로서 조상들께 풍년에 대해 감사드립니다.

> ### High-level Answer
> The most important festival of the year is Seollal. This celebration takes place on the first day of the Lunar Calendar year.
>
> 일년 중 가장 중요한 행사는 설날입니다. 이것은 음력 정월 초하루에 치러집니다.

2. What do you like to do for the festival?

축제에 무엇을 하는 것을 좋아합니까?

> ### Model Answer
> At Chuseok, I always return to my hometown to meet with my family. We go to say our thanks to our ancestors who have passed away.
>
> 추석에, 저는 항상 고향에 가서 가족들을 만납니다. 우리는 돌아가신 조상들께 제사 드리기 위해 갑니다.

> ### High-level Answer
> I like to make Ddoekgook for my family for Seollal. This is the traditional food eaten on the first day of the New Year.
>
> 저는 설날에 가족들을 위해 떡국을 만듭니다. 이것은 전통적인 음식으로 새해 첫날에 먹습니다.

3. Do people dress up for the occasion?

사람들은 그 행사를 위해 옷을 차려 입습니까?

> ### Model Answer
> We dress in our best clothes to honour our ancestors. My mother and I wear

hanboks, which are traditional Korean dresses.

조상을 기리기 위해서 우리는 가장 좋은 옷을 입습니다. 어머니와 저는 한복을 입는데, 그것은 한국 전통 의상입니다.

High-level Answer

Yes, we used to dress in traditional outfits. However, nowadays, people prefer to wear comfortable but neat clothes.

예, 우리는 전통 의상을 입곤 했습니다. 하지만 요즘 사람들은 편안하지만 단정한 옷을 입는 것을 선호합니다.

4. Are the streets decorated for the festival?

거리에 축제를 위해 장식을 합니까?

Model Answer

The streets usually are not decorated but people spend a lot of time tidying and maintaining their ancestor's graves and tombs.

보통 거리에 장식을 하지 않지만 사람들은 많은 시간을 조상 무덤과 묘를 관리하고 정돈하는데 보냅니다.

High-level Answer

Many events take place in the streets for Seollal. People play traditional folk games during the week of Seollal.

거리에 설날을 기리는 많은 행사들이 펼쳐집니다. 사람들은 설 연휴 동안 전통 놀이를 합니다.

5. Does your family do anything special for the holiday?

당신의 가족은 휴일 동안 특별한 일을 합니까?

Model Answer

My parents and I visit my grandparent's grave and offer some food to them. After that we pay our respects to our ancestor's spirits.

저희 부모님과 저는 조부모님의 산소를 찾아가서 음식을 차려 놓습니다. 그런 후에 우리는 조상의 얼을 기리는 제사를 드립니다.

High-level Answer

We usually play Yutnori. This is a traditional Korean game involving throwing wooden sticks. Some people often visit a fortuneteller to ask about their fortune for the coming year.

우리는 보통 윷놀이를 합니다. 이것은 한국의 전통 놀이로서 나무 막대기를 던지는 것입니다. 어떤 사람들은 종종 점술가를 찾아가서 그들의 다가 올 신년 운수를 물어봅니다.

PART 2

Talk about transport.
You should say:
> What kind of transport you most commonly use
> How often you use this form of transport
> What the advantages and disadvantages of this type of transport are

교통에 대하여 말하시오.
당신은 다음 사항을 말해야 합니다.
> 당신이 가장 흔히 사용하는 교통수단
> 이 교통수단을 얼마나 자주 이용하는지
> 이런 형태의 교통수단의 장점과 단점

Model Answer

1 Minute Notes : 5W+1H+ETC

Where	Drive it to work, Take children to lessons. 차를 타고 출근하고 아이들을 수업에 데려다 준다.
When	Bought last year 작년에 구입
Who	I prefer to travel by myself or with my family rather than strangers. 낯선 사람보다 혼자나 가족과 여행하기를 선호합니다.
What	My car 자동차 (advantages) Convenient, Comfortable (장점) 편리함과 안락함 (disadvantages) Costs, Traffic (단점) 비용과 교통혼잡
Why	
How	Every day 매일
Etc	My car is a black Hyundai Sonata. 나의 차는 검은색 현대 소나타입니다.

The type of transport I usually use is my Car. It is a Hyundai Sonata. I bought it last year. The colour is black.

I use my car in several ways. Every day I drive it to work. I also use my car to take my children to their lessons. I am quite lucky; I have a car park at my office. So I don't need to search for somewhere to park each day.

My car has some disadvantages. It costs a lot to own a car. I have to pay for petrol and sometimes for parking. Then after my car gets old, I have to replace it with an expensive new one. Seoul is very busy. When I drive my car I often get stuck in traffic. Therefore it takes a long time to drive to places. Sometimes people drive recklessly. So there is the risk of crashes. As well as this, cars are very dirty. They release smoke into the air. This is the cause of a lot of pollution in Seoul.

One the other hand there are lots of advantages. My car is much more convenient than the subway. I can drive straight to my house. I don't need to walk in the rain. It is more comfortable than the subway. I can sit on leather seats. I can put the fan on when the day is too hot. If it is too cold, I can put on the heater. In addition, I don't have to share my car with strangers. I also don't get squashed by other people. On the whole, I prefer to use my car.

제가 항상 사용하는 교통수단은 자동차입니다. 그것은 현대 소나타입니다. 나는 그것을 작년에 샀습니다. 색깔은 검정색입니다.

나는 자동차를 다양하게 사용합니다. 매일 자동차로 출근을 합니다. 나는 또한 자동차로 아이들을 수업에 데려다 줍니다. 나는 꽤 운이 좋아서 사무실에 주차장이 있습니다. 그러므로 나는 매일 주차할 곳을 찾아다닐 필요가 없습니다.

내 자동차는 단점도 있습니다. 자동차를 보유하기에 많은 비용이 듭니다. 나는 기름값을 내야하고 때때로 주차비도 내야 합니다. 내 자동차가 오래되면 나는 비싼 새 자동차로 교체해야만 합니다. 서울은 분주합니다. 운전을 할 때 종종 교통 체증이 있습니다. 그러므로 운전하는데 많은 시간이 걸립니다. 때때로 사람들은 무모하게 운전합니다. 그러므로 교통사고의 위험이 있습니다. 게다가 자동차는 매우 더럽습니다. 자동차는 대기로 매연을 뿜어냅니다. 이것이 서울의 오염의 많은 원인이 됩니다.

다른 한편으로 많은 장점도 있습니다. 자동차는 전철보다 더 편리합니다. 자동차를 운전하여 바로 집으로 올 수 있습니다. 나는 빗속을 걸을 필요가 없습니다. 전철보다 훨씬 편안합니다. 나는 가죽의자에 앉을 수 있습니다. 날이 매우 더울 때는 에어컨을 켤 수도 있습니다. 만약에 춥다면, 나는 온풍기를 켭니다. 더군다나, 낯선 사람들과 자동차를 함께 타지 않아도 됩니다. 또한 다른 사람에 의해 짓눌리지 않습니다. 대체로 나는 자동차를 더 좋아합니다.

1 Minute Notes : 5W+1H+ETC

Where	To and from work 직장 출퇴근 시
When	Morning and evening, sometimes on weekends 아침, 저녁 때때로 주말
Who	
What	The subway 지하철 (advantages) Saves trouble of owning a car and reliable (장점) 운전할 때 생길 문제점들을 피할 수 있고, 믿을 만합니다. (disadvantages) Hot and smelly (단점) 덥고 냄새가 날 수 있습니다.
Why	
How	Every day 매일
Etc	I don't need to worry about driving a car. 나는 자동차를 운전하는 것에 관해 걱정할 필요가 없습니다.

The form of transport that I most commonly use to travel around the city is the subway. I especially use this for traveling to and from my workplace because of the convenience.

Every week I use the subway at least ten times, once on the way to work in the morning and again on the way home. Occasionally I use the subway on the weekends if I want to take a trip to a shopping area or to visit friends who live some distance from my house.

There are several advantages of using the subway. Firstly, it saves me from the trouble of owning a car. Cars always depreciate in value and require constant maintenance and licensing to keep them roadworthy. After all that, when driving a car people have to deal with traffic on the roads so they don't have any idea when they arrive to their appointments, with the subway I know exactly when I arrive.

There are some disadvantages to the subway, on a summer's day it can be unbearably hot on the platform and I often need to get a drink to prevent myself from fainting after waiting a long time. Additionally, I have to share the subway with some people who have very dubious hygiene; it often smells a lot in the subway cars.

내가 시내를 다닐 때 흔히 사용하는 교통수단은 지하철입니다. 특히 편리성 때문에 직장 출퇴근 시 사용합니다.

매주 나는 아침에 출근하고 다시 집으로 오는 길에 최소한 10번 정도 지하철을 사용합니다. 종종 나는 주말에도 쇼핑을 하러 가고 싶을 때 혹은 집에서 좀 떨어진 곳에 살고 있는 친구들을 방문하기 위해서 지하철을 탑니다.

지하철을 이용하는데 여러가지 장점이 있습니다. 첫 번째, 지하철은 자동차를 운전하는 문제로부터 해방됩니다. 자동차는 항상 감가상각이 되며, 지속적인 관리와 운전에 필요한 인가가 필요합니다. 결국, 전철로 가면 도착 시간을 정확하게 알지만 운전을 할 경우 약속 장소에 언제 도착할지 모르기 때문에 교통 상황에 신경 써야 합니다.

지하철에는 몇 가지 단점이 있습니다. 여름날 지하철 승강장은 참을 수 없이 더워서 기다림으로 기진맥진 하지 않으려면 종종 음료수가 필요합니다. 게다가, 나는 위생 상태가 의심이 가는 여러 사람들과 전철을 함께 타야 하므로 종종 지하철에는 냄새가 많이 납니다.

1. **What are the advantages/disadvantages to using public transport?**
   대중교통을 이용하는 장점과 단점들은 무엇입니까?

Model Answer

Of course there are both advantages and disadvantages to using public transport. One big advantage to the use of public transport is the reduced traffic on the roads. For every person using public transport there is one less car on the road. This means that for those people who have to use the roads, the journey will be shorter. This is especially valuable for deliveries and other people whose livelihood depends on the road system. In addition, the city will save money in maintenance of the road system which can be used elsewhere. The main disadvantage of public transport is the inconvenience. People have to fit their schedule in with the times that the transport runs. Therefore whenever people go out, they have to factor in a certain amount of time for waiting. If the transport falls behind schedule, then there is a chance that they will be late for work or an important meeting.

물론 대중교통을 이용하는 데 장점과 단점들이 모두 있습니다. 대중교통을 이용하는 가장 커다란 장점은 도로의 교통량을 줄이는 것입니다. 한 사람 한 사람이 대중교통을 이용하면 도로에 차가 하나씩 줄게 됩니다. 이것은 도로를 사용해야만 하는 사람들에게 여정이 줄어든다는 의미입니다. 이것은 특히 배달과 도로 시스템에 생계를 두고 있는 사람들에게 가치 있는 일입니다. 게다가, 도시는 도로 시스템 유지에 들어갈 돈을 아껴 다른 곳에 사용할 수 있습니다. 대중교통의 주요 단점은 불편함입니다. 사람들은 대중교통이 운행되는 시간에 자신들의 여정을 맞춰야만 합니다. 그러므로 어디를 가든, 대중교통을 기다리는 일정한 시간을 계산에 넣어야 합니다. 만일 대중교통이 시간에 맞추지 않을 경우, 직장이나 중요한 약속에 늦게 되는 경우가 생깁니다.

High-level Answer

Public transport has many advantages, such as the fact that it is a cheap and efficient way for people to get around a city. It is efficient as it reduces congestion on the roads and therefore should speed up the life of people who depend on the roads for a living such as truck drivers and taxis. It is also the most efficient way of moving large numbers of people around a city as many of the trips could not be made so quickly by road. There are a few disadvantages, for instance, it is not always convenient to take public transport. Most people do not live right next to a subway station or bus stop and so therefore have to walk from the station to home. This can be time consuming and can expose the person to the weather which makes them uncomfortable.

대중교통은 사람들이 시내를 다닐 때 저렴하고 효율적인 수단이 되는 등 많은 장점들이 있습니다. 도로의 정체를 줄여 트럭 운전수와 택시 기사처럼 생계를 도로에 의지하는 사람들의 삶을 신속하게 하므로 효율적입니다. 또한 많은 교통량으로 도로에서 빠르게 움직일 수 없는 시내에서 많은 사람들이 이동하는 가장 효과적인 방법이기도 합니다. 몇 가지 단점은 있습니다. 예를 들면, 대중교통을 이용하는 것이 항상 편리하지는 않다는 것입니다. 대부분의 사람들이 전철역이나 버스 정류장 바로 옆에 살지는 않으므로 역에서 집까지 걸어야만 합니다. 이것은 시간을 소모하게 되고 사람들을 불편하게 만드는 날씨에 노출될 수 있습니다.

2. Do you think a large public transport system is of value to a city?

광범위한 대중교통 시스템이 도시에 가치가 있다고 생각합니까?

Model Answer

On the whole, I think that it is incredibly valuable to have an extensive public transport system. The system will make travel much easier for people. For the city, it will revitalize areas that are affected by traffic and lack of parking spaces. This especially applies to central city areas. The increased revenue from the extra business will, over time, offset the costs of building the transport system. In addition, the stations themselves will improve the area they are in. Very often, stations are built in parts of the city that are starting to look rundown or undeveloped. The new development will give a boost to the surrounding area because of the increased foot traffic. The improvement in the appearance of the city is probably the main benefit.

전반적으로, 나는 광범위한 대중교통 시스템을 갖는 것은 무척 가치 있다고 생각합니다. 그 시스템은 사람들이 더 수월하게 여행할 수 있도록 할 것입니다. 도시의 경우 그것은 교통량과 주차 공간 부족으로 영향을 받는 지역에 다시 활기를 줄 것입니다. 이는 특히 도시 중심부에 적용됩니다. 늘어나는 사업에서 생기는 더 많은 세금은 시간이 지남에 따라, 교통 시스템을 건설할 비용을 상쇄할 것이다. 게다가, 교통 역사는 그 자체로 그 지역을 향상시킬 것입니다. 대개 역사는 쇠락해 보이기 시작하거나 미개발된 곳에 지어집니다. 새로운 개발은 증가하는 유동 인구의 통행량 때문에 주변 지역에 활력을 줄 것입니다. 도시의 외관을 향상시키는 것은 아마도 주요한 이점일 것입니다.

High-level Answer

A city can garner a huge advantage from a vast, efficient public transport system. As mentioned, the system ensures people can get around the city quickly and efficiently. This is of benefit not only to locals but tourists as well. Very often tourists do not have any form of transport and so they are reliant on whatever public system is available. Their impression of a city will depend largely on how easy it was to get around, so if the system is good it can generate positive publicity overseas. Also the city will be much cleaner without so many cars on the road and its citizens would benefit from the cleaner air.

도시는 방대하고 효과적인 대중교통 시스템으로부터 큰 이점을 얻을 수 있습니다. 언급한 바와 같이 대중교통 시스템은 사람들이 도시를 신속하고 효과적으로 다닐 수 있도록 합니다. 이것은 지역사람 뿐 아니라 관광객에게도 유익합니다. 관광객들은 어떤 형태의 교통수단도 가지고 있지 않기 때문에 주로 이용 가능한 대중교통 수단에 의지합니다. 도시에 대한 인상은 도시를 다닐 때 얼마나 편리한지에 따라 많이 좌우되므로, 시스템이 좋을 경우 대외적으로 긍정적인 평판을 가져올 수 있습니다. 또한 도시는 도로에 많은 차량 소통이 없으므로 훨씬 깨끗해지고 시민들도 청정 공기의 혜택을 입게 됩니다.

3. What are the negative aspects of large numbers of cars in a town/city?
지역이나 도시에 차가 많은 것의 부정적인 면은 무엇입니까?

Model Answer

In my opinion, cars are very dirty. They spew out disgusting smoke which smells and leaves dirt all over buildings. I have to clean my windows regularly because of the dirt left behind by the rain. The more cars that we have, the worse this problem is. The pollution that hangs over cities is largely caused by cars. This pollution, in turn leads to health problems and reduces the lifespan of many city-dwellers. The other problem is that cars take up valuable space. Buildings have to provide space for parking cars in them and new roads take away land that could otherwise be used for housing people.

나의 의견으로는, 자동차는 매우 더럽습니다. 자동차는, 냄새 나고 모든 건물에 더러움을 남기는 역겨운 매연을 뿜어냅니다. 나는 정기적으로 비로 얼룩저 더럽혀진 유리 창문을 청소해야 합니다. 자동차가 많을수록, 문제는 더 심각합니다. 도심에 가득힌 오염은 대부분 자동차에서 기인됩니다. 이 오염은 또한 건강 문제를 유발하여 많은 도시 거주자들의 생명을 단축합니다. 또 다른 문제는 자동차들이 소중한 공간을 차지한다는 것입니다. 건물 안에 주차 공간을 제공해야 하며 새 도로 건설을 위해 그렇지 않으면 주택으로 사용될 수 있는 토지를 빼앗습니다.

High-level Answer

Large numbers of cars have a lot of negative effects on the quality of life in the city. Firstly, if most people travel by car it will make it difficult to get around the city as the roads will be often clogged. Congested roads have a detrimental effect on the economy too as workers will be late to their job and deliveries will take much longer. The second problem is that cars discharge Carbon Monoxide into the atmosphere and are largely responsible for the grey haze that hangs over most cities. This can result in health problems among city residents similar to those incurred from excessive smoking. Rates of asthma and lung disease are much higher in urban areas than in rural. Thirdly, cars can kill pedestrians if they strike them. Thus the downtown area can be risky for people crossing the street if they are not careful.

많은 수의 자동차들이 도시의 삶의 질에 많은 부정적인 영향을 미칩니다. 첫 번째, 대부분의 사람들이 자동차로 움직이면 도로가 종종 막히기 때문에 도시를 다니는데 어려움이 있을 것입니다. 정체된 도로는 근로자들이 지각을 하고, 배달하는데 시간이 훨씬 더 걸리므로 경제에도 부정적인 영향을 주게 됩니다. 두 번째 문제는 자동차가 공기 중에 일산화탄소를 방출해서 대부분의 도시에 있는 스모그의 주요한 원인이 된다는 것입니다. 이것은 과도한 흡연으로 야기되는 문제와 마찬가지로 도시 거주자들에게 건강 문제를 야기 할 수 있습니다. 천식과 폐 질환의 발병률이 시골보다는 도시 지역이 훨씬 높습니다. 셋째로, 자동차는 보행자를 치어 죽게 할 수 있습니다. 그러므로 도심 지역은 주의를 하지 않으면 도로를 횡단하는데 매우 위험할 수 있습니다.

4. What do you suggest would help convince more people out of their cars and into public transport?

많은 사람들이 자동차에서 내려 대중교통을 이용하도록 할 만한 제안이 무엇입니까?

Model Answer

To encourage more people to get out of their cars we should educate them on the benefits of public transport. The goal should be that people have a positive view of public transportation and a negative opinion of using their car. Many people believe that their car is a status symbol. To be successful, the status symbol of the future should be a transport pass. There are a number of significant benefits to public transport but I think that the one that should be emphasized is the environmental impact. In Korea, the environmental movement is only in its infancy but as it grows more people will be aware that they can do something to make their air cleaner and city greener. Once people are aware of this, they will want to be seen doing their part in helping the environment. I think that public transport will benefit the environment and therefore, enable people to help save the environment.

더 많은 사람들이 그들의 자동차에서 나오도록 고무하기 위해서 그들에게 공공 교통수단의 이점을 교육해야 합니다. 목적은 사람들이 공공 교통수단에 대한 긍정적인 사고를 갖게 하고, 그들의 자동차를 사용하는데 부정적인 의견을 갖도록 해야 합니다. 많은 사람들은 자동차를 신분 상징으로 생각하고 있습니다. 성공적으로 이끌기 위해서는, 미래의 신분 상징은 공공 교통수단의 통행권이 되어야 합니다. 공공 교통수단은 많은 장점들이 있지만, 제가 생각하기에 강조해야 할 점은 환경에 미치는 영향입니다. 한국은 환경 운동이 아직 초기 단계이지만, 그것이 활발해짐에 따라, 더 많은 사람들이 공기를 깨끗하게 하고 도시를 더 푸르게 하기 위해 무언가를 할 수 있다는 것을 깨달을 것입니다.

High-level Answer

The best way to get people out of their cars and into public transport is to make it worth their while to do so. So therefore, the system has to have several advantages over cars to convince a wide variety of people to use it. Some people are motivated by cost and so therefore public transport should be cheaper than the costs of driving and parking. Others are motivated by convenience, so therefore the city will need to invest money to make the system extensive, covering many possible journeys to make it desirable to these people. Wherever possible the system should be clean, to avoid people choosing their cars due to hygiene reasons.

사람들이 자가용에서 내려 대중교통을 이용하게 하는 가장 좋은 방법은 그렇게 하는 것을 가치 있게 만드는 것입니다. 그래서 많은 사람들이 대중교통 이용에 확신을 가질 수 있도록 대중교통이 자동차에 비해 여러 가지 이점을 가져야 합니다. 어떤 사람들은 비용에 의해 동기 부여가 되므로 대중교통은 자동차 운행과 주차 비용보다 더 저렴해야 합니다. 또 다른 사람들은 편리함으로 동기 부여가 되므로, 시 당국은 돈을 투자해서 대중교통이 광범위하게 미치도록 만들어, 가능한 많은 이동을 담당하게 하고, 그런 사람들에게 대중교통을 매력 있게 만들 필요가 있습니다. 대중교통을 가능한 한 청결하게 하여, 사람들이 위생상의 이유로 자가용을 선택하지 않도록 해야 합니다.

5. Some cities have blocked the use of cars in their central shopping area. What are your feelings about this?

일부 도시에서는 도시 중심 쇼핑 지역에 자동차 통행을 막기도 합니다. 당신은 이에 대해 어떻게 느낍니까?

Model Answer

I think that keeping cars out of the city centre is a very good idea. People's lives are busy and stressful these days. When they go out they want to relax. It is very difficult to relax when all a person can hear are cars rushing by the window. It is also particularly stressful to try and cross the street to get to a different shop when there are several lanes of traffic to be negotiated. When people go out shopping, they want a pleasurable experience. By removing cars from the central city, the council can help achieve this.

도심으로 차량 진입을 통제하는 것은 매우 좋은 생각입니다. 요즈음 사람들의 생활은 분주하고 스트레스가 많습니다. 외출을 할 때 그들은 안락하길 원합니다. 들리는 모든 것이 창문 옆을 지나가는 차 소리라면 쉬기가 쉽지 않습니다. 또한 건너야 할 여러 차선이 있으면 다른 상점에 가기 위해 도로를 건널 때 특히 스트레스를 받게 됩니다. 쇼핑을 할 때, 사람들은 즐거운 경험을 하고 싶어 합니다. 도심에 차량을 없앰으로써 시 의회는 그것을 도울 수 있습니다.

High-level Answer

My opinion is that keeping cars out of the city centre is a good idea. The city should be somewhere where people enjoy a nice time either shopping or eating out. Neither of these is possible with heavy traffic passing by. Traffic creates noise and pollution which makes people's shopping experience stressful and discourages them from returning. By removing traffic, the city encourages people to shop in the city centre.

나는 도심에 차량 진입을 막는 것은 좋다고 생각합니다. 도시는 사람들이 쇼핑이나 외식을 하며 즐거운 시간을 보낼 수 있는 곳이어야 합니다. 이것들은 복잡한 교통 소통이 있어서는 가능하지 않습니다. 교통은 소음과 오염을 야기해 사람들의 쇼핑에 스트레스를 주어 사람들이 다시 발걸음을 하지 않게 합니다. 교통 혼잡을 제거시킴으로써 시 당국은 사람들이 도시에서 쇼핑하는 것을 장려하게 됩니다.

IELTS PRACTICE TEST 08

PART 1

1. **What is your favourite food?**
   가장 좋아하는 음식은 무엇입니까?

   ### Model Answer
   My favourite food is definitely Pizza. Often I eat it on Friday nights when I don't feel like cooking.
   저의 가장 좋아하는 음식은 물론 피자입니다. 주로 요리를 하고 싶지 않은 금요일 저녁에 그것을 먹습니다.

   ### High-level Answer
   I like to eat Bibimbap. When I was a child my mum used to make this for me and I have enjoyed it my whole life.
   저는 비빔밥을 좋아합니다. 내가 어렸을 적에 엄마가 만들어 주곤 했으며 일생 동안 그것을 즐기고 있습니다.

2. **Is it homemade or bought from a store?**
   집에서 만듭니까 아니면 가게에서 삽니까?

   ### Model Answer
   I don't know how to make Pizza so I always get it delivered. One day I might learn how to make it.
   저는 피자를 만드는 법을 몰라서 항상 주문해서 먹습니다. 언젠가 제가 그것을 만드는 방법을 배울 수도 있겠지요.

   ### High-level Answer
   I only like home made Bibimbap. I make it just the way my mum did and that tastes much better than Bibimbap from a shop.
   저는 집에서 만든 비빔밥만 좋아합니다. 엄마가 했던 것과 똑같이 만들고 가게에서 먹는 비빔밥보다 더 맛있습니다.

3. **How often do you eat it?**
   얼마나 자주 먹습니까?

   ### Model Answer
   I eat Pizza about once every two weeks. I always have it for dinner when I am tired

after work.

저는 2주에 한 번 정도 피자를 먹습니다. 항상 일이 끝난 후 피곤할 때 저녁으로 그것을 먹습니다.

> **High-level Answer**

I have Bibimbap at least two times a week. Normally I eat it for lunch as it is so quick and easy to prepare.

저는 최소한 일주일에 두 번은 비빔밥을 먹습니다. 보통은 점심으로 먹는데 준비하기가 쉽고 빠르기 때문입니다.

4. Do you eat out often?

외식을 자주 합니까?

> **Model Answer**

I often eat out with my girlfriend, especially on the weekends when we have free time.

저는 종종 여자 친구와 함께 외식을 하는데, 특히 시간이 있는 주말에 합니다.

> **High-level Answer**

I only eat out on special occasions, with my family. I prefer to prepare food myself otherwise.

저는 오직 특별한 경우에만 가족과 함께 외식을 합니다. 그렇지 않을 경우 제가 직접 음식을 만드는 것을 더 좋아합니다.

5. Where do you like to go when you eat out?

외식을 할 때 어디에 가는 것을 좋아합니까?

> **Model Answer**

My favourite restaurant is our local steak house. They prepare delicious, large steaks and always cook them perfectly.

제가 가장 좋아하는 식당은 동네 스테이크 하우스입니다. 그들은 맛있고, 커다란 스테이크를 준비하고 항상 맛있게 요리합니다.

> **High-level Answer**

When I go out with my family or friends we often visit the neighbourhood seafood restaurant. My family enjoys eating fish so I take them to a place they would prefer.

제가 가족 혹은 친구와 외식을 할 때는 종종 가까운 횟집에 갑니다. 저의 가족이 생선을 좋아해서 그들이 좋아하는 곳으로 데려갑니다.

Describe one of your sports or hobbies.
You should say:
　　　What it is
　　　When you started doing it
　　　How often you do it
　　　Why you chose it

당신의 스포츠나 취미를 말하시오.
당신은 다음을 말해야 합니다.
　　　그것이 무엇인지
　　　언제 그것을 시작했는지
　　　얼마나 자주 그것을 하는지
　　　왜 그것을 선택했는지

Model Answer

1 Minute Notes : 5W+1H+ETC

Where	My hometown 내 고향
When	Started when I was five 다섯 살에 시작했습니다.
Who	The Fighters 파이터
What	Baseball 야구
Why	Dad played. Like being part of a team 아빠가 야구를 했습니다. 팀의 일원이 되고 싶어서
How	Play every week 매주 운동했습니다.
Etc	I liked to watch my dad play when I was a child. 내가 어렸을 때 아버지가 경기하는 것을 보기를 좋아했습니다.

I love to play sport. I play baseball. My position is second base. The team I play for is called the Fighters. They are the club that is based in my hometown. I play for the second level team.

I started playing baseball when I was 5 years old. My father was also a baseball player. He took me to join his club. I started in the children's team. My father used to watch all my games. He encouraged me from the stand. After my game I would support my father's team who would be in the last game of the day.

I play baseball every week. Our team has competition games on Saturday. We practice on Thursday. I need to work on my batting. I want to get my batting average up to 0.250. I will practice a lot to improve my batting. I would like to hit more home runs. So far, I have only hit one home run this season.

I chose baseball because my dad played it. I like being part of the team too. I can go out after the game with my team-mates. If we win a game we have a big celebration. During the game we rely on each other. We must learn to work together if our team is to be successful. I have enjoyed watching baseball on TV since I was a child. One day I would like to play in the top league. I need to improve my skills to play at that level.

나는 운동을 좋아합니다. 나는 야구를 합니다. 내 위치는 2루입니다. 내가 뛰고 있는 팀은 파이터라고 합니다. 그 팀은 나의 고향에 연고를 두고 있습니다. 나는 두 번째 수준의 팀에서 활동하고 있습니다.

나는 5살 때 야구를 시작했습니다. 나의 아버지도 야구 선수였습니다. 그는 나를 그의 동호회에 가입시켰습니다. 나는 어린이 팀에서 시작했습니다. 아버지는 나의 모든 경기를 관람하곤 했습니다. 그는 관중석에서 응원하였습니다. 경기 후에 나는 그날의 마지막 경기인 아버지 팀을 응원하곤 했습니다.

나는 매주 야구를 합니다. 우리 팀은 토요일에 시합이 있습니다. 우리는 목요일에 연습을 합니다. 나는 타구를 연습할 필요가 있습니다. 나의 타율이 0.250에 이르기를 원합니다. 나는 타구를 향상시키기 위해 많은 연습을 할 것입니다. 나는 더 많은 홈런을 치고 싶습니다. 지금까지, 나는 이번 시즌에 홈런을 단 한 번 쳤습니다.

나의 아버지가 야구를 했기 때문에 나는 야구를 선택했습니다. 나는 또한 팀의 일원이 되는 것을 좋아합니다. 나는 경기 후에 팀 동료들과 어울립니다. 만약 우리가 경기에 이기면 우리는 성대한 축하연을 갖습니다. 경기 중에 우리는 서로에게 의지합니다. 우리의 팀이 성공하려면 함께 하는 것을 배워야만 합니다. 어렸을 때부터 나는 TV로 야구 경기 관람을 즐겼습니다. 언젠가는 나는 최고의 팀에서 경기하고 싶습니다. 그 정도 수준으로 경기하려면 나의 기술을 향상시켜야 합니다.

1 Minute Notes : 5W+1H+ETC

Where	At the local club 클럽
When	Started when I was 10 years old 내가 10살 무렵에 시작
Who	
What	Badminton 배드민턴
Why	Good for fitness and something I have a natural skill for 체력 단련에 좋고 그 운동에 대해 약간의 소질이 있습니다.
How	Once or twice a week 일주일에 한 번이나 두 번
Etc	Describe how to win the game. 게임에 어떻게 이기는지 묘사하시오.

T
E
S
T
08

A sport which I play regularly is badminton. It is a sport that is very similar to tennis. People either play by themselves or in pairs on a court. The object of the game is to hit the shuttlecock (a cork ball with feathers attached) over to the other side of the court until either yourself or your opponent misses the court or is unable to return the shot.

I started playing badminton when I was ten years old. Firstly, I played at club level with other beginners and then as I gradually got better I played against people from other clubs in regional competition.

I used to play badminton either once or twice a week. Each Monday was club night when I would practice with the other players from my club. In some weeks there was also a competition on Friday nights against other clubs.

I chose to play badminton because it is a very physical sport and so therefore was a good way to build my fitness. It was also a sport that I had a natural ability for. I much prefer to watch soccer and basketball but I found them difficult so I decided upon badminton as the sport I would play.

내가 규칙적으로 하는 운동은 배드민턴입니다. 테니스와 매우 유사한 스포츠입니다. 사람들은 코트에서 단식으로 혹은 복식으로 경기합니다. 게임의 목표는 배드민턴 공(깃털이 달린 코르크 공)을 쳐 코트 반대편으로 보내는 것인데, 당신 자신이나 혹은 상대편의 공이 코트 밖으로 나가거나, 또는 친 공을 되받아 칠 수 없을 때까지 합니다.

나는 10살 때 배드민턴을 시작했습니다. 처음에는 나는 클럽에서 다른 초보자와 함께 운동했고 점차 나아지면서 지역 대회에서 다른 클럽 사람들을 상대로 경기했습니다.

나는 일주일에 한 번이나 두 번 정도 운동하곤 했습니다. 매주 월요일은 동호회 밤으로 클럽의 다른 선수들과 함께 연습을 하였습니다. 또 어떤 주는 금요일 밤에 다른 클럽과 시합이 있었습니다.

나는 배드민턴이 육체적인 운동이고 체력을 증진하는 좋은 방법이어서 선택했습니다. 또한 그것은 내가 소질을 가지고 있는 종목이었습니다. 나는 축구와 농구를 관전하는 것을 선호하지만 그런 운동이 힘이 든다고 생각하여 내가 할 만한 운동으로 배드민턴을 골랐습니다.

1. Do you believe that Physical Education should be given the same importance as academic subjects at schools?

당신은 학교에서 체육이 아카데믹한 교과목과 동일하게 중요성이 부가되어야 한다고 생각입니까?

Model Answer

I believe that physical education should receive the same emphasis as academic subjects in school. It is important that children learn to look after their body as well as look after their mind. Children who look after their health and participate in sports are less likely to become obese as adults. They are also more likely to eat healthy food which reduces the risk of heart problems and diabetes in later life. The ideal solution would be for children to spend around an hour a day doing a fitness programme. The other benefit of this is that children will become more active in sports. This, in turn, will benefit our sports teams in the future.

저는 학교에서 아카데믹한 교과목과 같이 체육교육도 동일하게 중시되어야 한다고 생각합니다. 어린이들이 정신적인 교육과 함께 신체 관리를 배우는 것은 매우 중요합니다. 건강에 관심을 갖고 운동에 참여하는 어린이들은 어른들처럼 비만이 될 확률이 적습니다. 그들은 또한 몸에 좋은 음식을 먹을 가능성이 많은데, 이는 나중에 당뇨와 심장병의 위험을 줄여 줍니다. 이상적인 방법은 아이들이 매일 한 시간 정도 체력 프로그램을 하면서 시간을 보내는 것입니다. 이렇게 해서 얻는 다른 이점은 아이들이 스포츠에 더욱 적극적이 되는 것입니다. 이것은 또한 미래 우리의 스포츠 팀에 이점이 됩니다.

High-level Answer

Yes, I think it should be given the same importance. Young people lead much less active lives than children did in the past, therefore it is imperative that they get as much exercise as possible to avoid becoming overweight and the negative health effects associated with obesity. Therefore I believe that children should be educated on ways to look after their body and I do think that it should be compulsory for all students to take physical education. It shouldn't have the same time devoted to it as academic subjects do, but half an hour each day should be sufficient.

예, 나는 체육 과목도 마찬가지로 중요하게 다뤄져야 한다고 생각합니다. 요즘 젊은 사람들은 옛날 아이들보다 훨씬 덜 활동적인 삶을 삽니다, 그래서 비만과 그것이 야기하는 질병을 방지하기 위해 그들에게 가능한 한 많은 운동을 시키는 것이 절대적으로 필요합니다. 그러므로 나는 아이들이 그들의 신체를 관리하는 방법을 교육시켜야 한다고 믿으며 모든 학생들에게 체육이 의무가 되어야 한다고 생각합니다. 체육에 할당되는 시간이 아카데믹한 교과목의 시간과 같을 필요는 없고, 하루에 반 시간 정도면 충분하다고 봅니다.

2. What would you suggest is the best way to get young people more active and participating in sport?

당신은 젊은이들을 더욱 적극적이게 하고 스포츠에 더 많이 참여하게 할 가장 좋은 방법으로 무엇을 제안하겠습니까?

Model Answer

To encourage more young people to get involved in sports, my suggestion is for clubs to work with schools. Sports clubs should send their players or coaches to schools to do a practice session with the children. This has benefits for both sides. The children have a more positive view of sport and exercise. The sports club may also gain new members through the venture. Another suggestion is that clubs could provide coaching programmes to schools. The school would benefit from the coaching expertise and the club could increase its membership.

더 많은 젊은이들이 스포츠에 참여하게 하기 위해서, 나의 생각은 동호회들이 학교와 힘께 활동하는 것입니다. 스포츠 동호회는 선수들 혹은 코치를 학교에 파견하여 아이들과 함께 연습 시간을 갖도록 해야 합니다. 이것은 양쪽에 모두 이점이 있습니다. 아이들은 스포츠와 운동에 더욱 긍정적인 사고를 갖게 됩니다. 스포츠 동호회는 그 활동을 통해 새 회원을 확보할 수 있습니다. 다른 방법으로는 동호회가 학교에 코칭 프로그램을 제공할 수 있습니다. 학교는 코칭 전문가에게서 도움을 받을 것이고 동호회는 회원 수가 증가 할 수 있습니다.

High-level Answer

The best way to get children to become more active is for parents to encourage their children to exercise or get involved in sports. Children should, if possible, do some exercise each day to maintain their fitness level and avoid weight gain. The ideal lifestyle for children should be striking a balance between study, exercise and play. Computer games should be used as a reward for good behaviour not as a normal occurrence.

아이들이 더 활동적이 되도록 하게 하는 가장 좋은 방법은 부모들이 자녀가 운동이나 스포츠에 참여하도록 격려하는 것입니다. 아이들은 체력을 유지하고 체중 증가를 방지하기 위해, 가능하다면 매일 일정량의 운동을 해야 합니다. 아이들에게 이상적인 생활 방식은 공부, 운동, 놀이 간의 균형을 유지하는 것입니다. 컴퓨터 게임은 항상 하는 것이 아니라 올바른 행동의 대가로 사용해야 합니다.

3. What benefits do you think sports teams/clubs bring to the community?

당신은 스포츠 팀/동호회가 지역사회에 가져다주는 이점이 무엇이라고 생각합니까?

I think sports clubs do bring a few benefits to a town or city. The main benefit in my opinion is the social benefits. People are able to meet others who share the same sporting interest. They can then use this to build up their circle of friends. Even for individuals there is a benefit. People who exercise regularly, feel better because of it. It also builds their confidence levels. The result of this is that these people are happier. Everybody benefits when their neighbours are happy.

스포츠 동호회는 소도시나 도시에 몇 가지 이점을 가져다 준다고 생각합니다. 저의 생각으로 주요 이점은 친목 도모의 혜택입니다. 사람들은 같은 운동에 관심을 갖는 사람들과 만날 수 있습니다. 그들은 공통점을 이용하여 친구 그룹을 형성할 수 있습니다. 개인적으로도 장점이 있습니다. 정기적으로 운동을 하는 사람들은 이 동호회 때문에 기분이 더 좋아집니다. 또한 자신감의 수준도 높일 수 있습니다. 결과적으로 사람들은 더욱더 행복해집니다. 그들의 이웃이 행복할 때 모두가 좋습니다.

Sports clubs can be of great benefit to the community. Firstly, they can bring great pride to the residents. If the local team is performing well it buoys the feelings of locals up. Even if the team is not one of the leading sides, an occasional defeat of a bigger opponent or a visit by one of the top sides can boost the spirits of the town. Secondly, sports clubs can encourage participation in sports by offering a large number of competitions for all ages, sizes and fitness levels. By removing the barriers to people who may not be highly skilled, sports clubs can give people the impetus to get out and participate in sport. Finally, there is the social aspect. New people to an area can join the sports club and meet some locals who have a common interest.

스포츠 클럽은 지역 사회에 많은 이로움이 있습니다. 첫 번째, 그 지역 거주자에게 자긍심을 가져다 줄 수 있습니다. 만약 지역 팀이 잘 한다면 지역의 원기를 북돋아 줍니다. 비록 팀이 경기를 이끄는 쪽의 하나가 아니더라도 강한 상대방을 가끔 물리치거나 혹은 최고 팀 중 한 팀이 방문하게 되면 도시의 사기를 높일 수 있습니다. 두 번째, 스포츠 클럽은 모든 연령, 규모와 체력에 따라 많은 수의 시합을 제공함으로써 스포츠 참여를 장려할 수 있습니다. 고도의 기술을 갖고 있지 않은 사람에 대한 장벽을 제거함으로써 스포츠 클럽은 사람들에게 자리를 박차고 나와 운동에 참여하는 원동력을 줄 수 있습니다. 마지막으로, 사회적인 측면도 있습니다. 지역에 새로 이주한 사람들이 스포츠 클럽에 참여하여 공통 취미를 가진 그 지역 사람들과 만날 수 있습니다.

4. Why do you think many people follow sports passionately?

많은 사람들이 스포츠에 열광하는 이유가 무엇이라고 생각합니까?

Model Answer

There are many reasons why people follow sports passionately. The main reason I believe is that they want to be like their friends. If a person follows a sports team it gives them plenty to talk about with their friends. They can discuss who they think is going to win before the match starts. They can also gather together and watch the game with their friends. Several sports, particularly golf and tennis, can generate useful contacts for somebody's business.

사람들이 스포츠에 열광하는 많은 이유가 있습니다. 저는 주요 이유가 사람들이 친구처럼 되고 싶어하기 때문이라고 생각합니다. 스포츠 팀을 열심히 응원하는 사람은 친구들과 이야기 거리가 많습니다. 경기가 시작되기 전에 누가 이길 것인지 토론할 수 있습니다. 또한 친구들과 함께 모여 경기를 관람할 수도 있습니다. 몇 가지 스포츠, 특히 골프나 테니스는 사업상 관계에 유익할 수 있습니다.

High-level Answer

I think that the reason some people follow a sports team passionately is rooted in tribal culture. People always love to feel part of a group and want to see that group perform better than others so they can feel better about themselves. This especially applies to team sports, where people will often religiously go to the home games for their team. Occasionally, people will follow particular foreign teams when they have a player from their country represented in the team. For individual sports, people often follow these as they appreciate seeing the skills of the players.

내가 생각하기에 사람들이 스포츠 팀을 열광적으로 응원하는 주요 이유는 부족 문화에 근원을 둔다고 생각합니다. 사람들은 항상 집단의 일부분으로 느끼는 것을 좋아하고 그 집단이 다른 집단보다 더 잘하는 것을 보기를 좋아하면서 그들 자신에 대해 더 애착을 갖게 됩니다. 이것은 특히 팀 스포츠에 적용되는데 사람들은 자주 그들의 홈 팀을 위해 홈 경기를 열광적으로 관전하러 갑니다. 때로 사람들은 그들의 나라를 대표하는 선수들이 있는 특정 외국 팀을 응원하기도 합니다. 개인 경기인 경우, 사람들은 종종 운동선수의 기량을 보는 것을 즐기기 때문에 그 경기에 흥미를 갖습니다.

5. What is your opinion on the salaries paid to professional sports people?

운동선수들에게 주어지는 급료에 관한 당신의 의견은 무엇입니까?

Professional sports people earn high salaries because they are the best. Anybody who rises to be the best in his or her field deserves to have a high salary. When that person was younger he or she had to spend a lot of time practicing. Just like in the business world if you put in the effort you should be rewarded. Even when a person has reached the top they need to work continuously to stay there. Tiger Woods would not remain a successful golfer if he spent all his time at parties. There are many other golfers who would like to beat him. That means that he must still practice to keep his skill level high.

직업 운동선수들은 자신들이 가장 뛰어나기 때문에 고액의 봉급을 받습니다. 그 분야에서 최고의 선수로 떠오르는 사람들은 누구라도 높은 봉급을 받습니다. 더 어렸을 때 그 사람은 많은 시간을 운동 연습에 보내야만 했습니다. 사업 세계와 마찬가지로 당신이 노력을 쏟는다면, 보답을 받아야 합니다. 설령 최고의 위치에 도달했더라도 그들은 그것을 유지하기 위해 계속적으로 노력해야만 합니다. 타이거 우즈는 만일 그의 시간을 파티에 소비한다면 성공적인 골퍼로 남아 있지 못할 것입니다. 그를 물리치고 싶어하는 많은 다른 골프 선수들이 있습니다. 그 말은 그가 실력을 최상으로 유지하기 위해 꾸준히 연습을 해야 한다는 뜻입니다.

High-level Answer

My feeling is that the salaries paid to certain sports people are excessive. Although sports teams do play a major role in the community, the individual players do not necessarily contribute a great deal. Certainly they do not have the same worth to the community as a doctor or teacher. I accept that sports people should be paid reasonable salaries as they do bring about positives to the community but I cannot agree with the extremely high salaries running in the millions of dollars.

나는 특정한 운동선수들이 지급받는 봉급이 지나치다는 느낌이 듭니다. 비록 스포츠 팀들이 지역사회에 중요 역할을 담당하더라도, 선수 개개인이 반드시 상당한 공헌을 하는 것은 아닙니다. 꼭 그들이 지역사회에 의사 혹은 선생님과 같은 가치를 가진 것은 아닙니다. 나는 운동선수들이 지역사회에 긍정적인 효과를 주기 때문에 합당한 봉급이 지급되어야 한다는 데 수긍하지만 백만 달러에 이르는 굉장히 높은 봉급을 받는 데는 동의할 수 없습니다.

IELTS PRACTICE TEST 09

PART 1

1. **What type of music do you enjoy?**
어떤 종류의 음악을 좋아합니까?

> ### Model Answer
>
> I love to listen to classical music. I like to get up early in the morning and put some on before I start the day.
> 저는 클래식 음악 감상을 즐깁니다. 아침 일찍 일어나 하루를 시작하기 전에 음악을 틀어 놓습니다.

> ### High-level Answer
>
> I like pop music. I enjoy keeping up with the latest trends and the newest sounds.
> 저는 대중음악을 좋아합니다. 최신 경향과 최신 음악을 쫓는 것을 즐깁니다.

2. **Why do you like it?**
왜 그것을 좋아합니까?

> ### Model Answer
>
> I think classical music is the best music to relax to. It's not too loud and helps me to slowly wake up for the day.
> 저는 클래식 음악이 휴식을 취하는데 가장 좋은 음악이라고 생각합니다. 너무 소란하지 않아서 하루를 느긋하게 깰 수 있도록 도와줍니다.

> ### High-level Answer
>
> I love to dance and sing along to my favourite pop songs. As well as that, all my friends listen to the same groups so we like to talk about them all the time.
> 저는 좋아하는 팝송에 맞춰 춤과 노래하는 것을 좋아합니다. 게다가, 친구들이 같은 그룹의 노래를 듣기 좋아해서 그들에 대해 이야기하는 것을 언제나 좋아합니다.

3. What type of music is popular in your country?

당신의 나라에서 가장 인기 있는 음악은 어떤 종류입니까?

> **Model Answer**

Many old people like to listen to traditional Pansori music. Pansori is a Korean traditional form of music with Korean drums (Janggu) and singing.

많은 나이든 사람들은 전통 판소리 음악을 좋아합니다. 판소리는 한국의 전통 음악형식으로 한국식 드럼(장구)을 치며 노래합니다.

> **High-level Answer**

The most popular music in Korea today is pop music especially boy bands. These are my favourite musicians.

요즘 한국에서 가장 인기 있는 음악은 특히 남성밴드가 이끄는 대중음악입니다. 이들은 내가 가장 좋아하는 음악가 입니다.

4. Have you learned to play an instrument?

악기 연주를 배운 적이 있습니까?

> **Model Answer**

Many years ago I learnt to play the piano. I played right up until I finished school.

여러 해 전에 저는 피아노를 배웠습니다. 저는 학교를 마칠 때까지 줄곧 피아노를 쳤습니다.

> **High-level Answer**

I learnt to play the violin for a time. Now I don't play it any more though.

저는 잠깐 바이올린을 배웠습니다. 지금은 더 이상 배우지 않습니다.

5. Did you enjoy playing it?

연주하는 것을 좋아했습니까?

> **Model Answer**

I enjoyed playing the piano. My mother was very proud when she watched me play a complex piece.

저는 피아노를 연주하는 것을 좋아했습니다. 저희 어머니는 제가 어려운 곡을 연주하는 것을 보면서 매우 뿌듯해 했습니다.

> **High-level Answer**

I didn't enjoy learning the violin. The teacher used to scold me if I made a mistake and I would get very upset during the lesson.

저는 바이올린 배우기를 좋아하지 않았습니다. 선생님은 제가 실수를 할 때 꾸짖곤 했으며 저는 교습시간에 매우 화가 났었습니다.

Describe whether you think digital books will ever replace paper.
You should say:

What the advantages of digital books are
What the advantages of books on paper are
What your preference is and why

전자 책들이 종이로 된 책들을 대체할 것이라고 생각하는지 말하시오.
당신은 다음 사항을 말해야 합니다.

전자 책들의 장점
종이로 된 책들의 장점
당신이 선호하는 것과 그 이유

Model Answer

1 Minute Notes : 5W+1H+ETC

Where	
When	
Who	
What	Digital Books are cheaper and can be sold to the whole world. Anybody can write a digital book. 전자 책은 더 저렴합니다. 세계에 판매할 수 있습니다. 누구든지 전자 책을 쓸 수 있습니다. Paper books can be bought by anybody but you need a computer for a digital book. Paper books last a long time. 종이 책은 누구든지 종이 책을 살 수 있지만 전자 책을 위해서는 컴퓨터가 필요합니다. 종이 책은 오랜 기간 보존합니다.
Why	Digital books are the future. Much bigger and better selection from digital libraries 전자 책이 미래를 대표합니다. 전자 도서관은 더 방대하고 선택의 폭이 넓습니다.
How	
Etc	I think that digital books will eventually replace paper. 결국은 전자 책이 종이 책을 대체할 것입니다.

Well, let me see, I think that digital books will eventually replace paper. Digital books have many advantages. Firstly, they are much cheaper to make. Nobody has to pay for the book to be printed onto paper. If someone wants to read it on paper they have the choice to print it out. Secondly, they are better for the environment. We don't need to cut down trees to make paper. As well as that, it is more convenient. People don't need to go to bookshops. They can buy books from a website. This should be cheaper for customers. Additionally, Digital books can be sold to the whole world. Any person with a computer can buy them. Authors from smaller countries can become popular. Finally, there are less barriers to become a writer. Anybody can put their writing on the internet and sell it.

Paper books have some advantages too. They can last for a long time. Some books have survived for 1000 years. Computers can break down and the book can be lost. As well as this, people don't need to own a computer to get a book. Many people cannot afford computers. If there are no paper books these people are unable to buy books. People without computers will have trouble learning.

In conclusion, I prefer the idea of digital books. They will be the future of reading. They are better for the environment. As well as that, they will be cheaper. I like having a big choice of books. I think that digital books will become popular soon.

음, 글쎄요. 전자 책이 궁극적으로 종이 책을 대체하리라 생각합니다. 전자 책은 많은 장점들이 있습니다. 우선, 그 것들은 제작하기가 훨씬 저렴합니다. 어느 누구도 종이로 인쇄하여 책을 만드는 데 비용을 들이지 않아도 됩니다. 만약 어떤 사람이 그것을 종이 상태로 읽기를 원한다면 그것을 인쇄할 수 있습니다. 두 번째, 전자 책들은 환경에 더 유리합니다. 우리는 종이를 만들기 위해 나무를 벨 필요가 없습니다. 게다가, 그것은 더욱 편리합니다. 사람들은 서점에 갈 필요가 없습니다. 웹사이트에서 책을 구매할 수 있습니다. 이것은 소비자에게 더욱 저렴합니다. 더욱이 전자 책은 전 세계에 판매할 수 있습니다. 컴퓨터가 있는 사람들은 누구라도 책을 구매할 수 있습니다. 조그만 나라 의 작가들도 인기를 얻을 수 있습니다. 마지막으로 작가가 되기 위한 장벽이 덜 합니다. 누구나가 인터넷에 그들의 글을 올려서 판매를 할 수 있습니다.

종이 책도 여러가지 장점들이 있습니다. 그것들은 오래 보존할 수 있습니다. 어떤 책들은 1000년 동안 존재해 왔 습니다. 컴퓨터가 망가져 책들이 유실될 수 있습니다. 게다가, 사람들은 책을 구매하기 위해 컴퓨터를 소유할 필요 가 없습니다. 많은 사람들은 컴퓨터를 살 수 있는 형편이 아닙니다. 만약에 종이 책이 없다면 이러한 사람들은 책을 살 수 없습니다. 컴퓨터가 없는 사람들은 배움에 문제가 생깁니다.

결론적으로, 나는 전자 책을 선호합니다. 그것들은 미래의 독서 방법입니다. 환경에도 더 좋습니다. 뿐만 아니라, 더 저렴합니다. 나는 책에 대한 선택이 많은 것을 좋아합니다. 나는 전자 책이 곧 보편화하리라 생각합니다.

1 Minute Notes : 5W+1H+ETC

Where	
When	
Who	
What	(Digital) Lower cost and a larger market (전자 책) 적은 비용과 큰 시장 (Paper) Cannot be lost with a computer breakdown and better for the eyes (종이 책) 컴퓨터 고장으로 인한 유실이 없고 눈에 더 좋습니다.
Why	Because I am familiar with paper books and because they are easier to read. 종이로 된 책들로, 익숙함과 독서의 간편성 때문에
How	
Etc	It is also likely that digital books will replace paper books. People can have eyesight troubles from reading a computer screen. 전자 책들이 종이 책들을 대체할 가능성이 있습니다. 사람들이 컴퓨터 스크린으로 읽으면 시력에 영향을 줄 수 있습니다.

With the advent of computers and the likelihood of digital technology taking over the music market and video market, it is also likely that digital books will replace paper books. Digital books have several advantages over paper material. Firstly, it is much cheaper to make digital books available in large numbers. Digital books do not require printing or any hard materials in their production. Secondly, the market for a book could go beyond national territories to the whole world. This would mean that people from smaller countries possess the same opportunity to be successful.

Paper books however still have several advantages over digital versions. Paper books are not subject to data loss, a computer crash will not lose an entire library. There is the possibility of fire but computer issues are still more likely. Secondly, it is much better for a person's eyes to read something on paper rather than on a backlight computer screen. A failing computer screen with a slow refresh rate makes a person's eyes adjust too much and can affect their eyesight.

Overall, I much prefer to read books on paper. Partially, it is because I grew up reading paper books so I am familiar with them. But also because of the difficulty reading and concentrating on something on a backlight screen I feel that the market for paper books will always be there.

컴퓨터의 출현과, 음악 시장과 비디오 시장에 대한 전자 기술의 점령 가능성으로 보아, 전자 책들이 종이 책들을 대체할 가능성도 있습니다. 전자 책은 종이 재질로 된 것에 반해 장점들이 있습니다. 우선, 다량으로 훨씬 저렴하게 전자 책을 만들 수 있습니다. 전자 책은 인쇄할 필요가 없고 생산에 재료가 필요 없습니다. 두 번째, 서적 시장은 국가 간의 경계를 넘어서 전세계까지 갈 수 있습니다. 이것은 작은 나라 출신의 사람들도 성공에 있어 동일한 기회를 갖게 됨을 의미합니다.

하지만 여전히 종이 책들은 전자 책에 반하여 여러가지 장점들이 있습니다. 종이 책들은 컴퓨터의 붕괴와 같은 정보 손실에 민감하지 않아, 전체 도서관을 잃게 되지는 않습니다. 화재의 가능성이 있긴 하지만 그 문제는 컴퓨터가 훨씬 더 그럴 것 같습니다. 두 번째, 역광의 컴퓨터 화면보다는 종이로 된 자료를 읽는 것이 사람들의 눈에 더 좋습니다. 재생 주파수가 낮아 끊어짐이 있는 컴퓨터 화면은 눈을 많이 조절해야 하므로 시력에 영향을 줄 수 있습니다.

결론적으로, 나는 종이 책을 읽기를 선호합니다. 그것은 부분적으로는, 내가 종이로 된 책을 읽으며 자라서 그것들과 친숙하기 때문입니다. 하지만 또한 역광 화면에 있는 것을 읽거나 집중하기가 어렵기 때문에, 나는 종이 책들의 시장은 항상 존재하리라 생각합니다.

1. **What changes do you think the internet has made to your life?**
   인터넷이 당신의 삶에 어떤 변화를 가져왔다고 생각합니까?

   Model Answer

   For me, the internet has had a big impact on my life. My social life has changed a lot since I got the internet. I usually use the internet for chatting and I find it very useful. For instance, I am able to chat with people all over the world. Only yesterday I was chatting with some people from Brazil. I even use it to keep in touch with my school friends when I am at home in the evening. I can ask questions about my homework or gossip about what happened during the school day. In the past I would have had to do that on the phone and my mother would have got very angry about me talking too long. It has enabled me to have lots of friends who I couldn't have met without the internet. My friends are good because they help me practice my English too.

   나에게 있어, 인터넷은 생활에 많은 영향력을 주었습니다. 인터넷을 갖게 된 후에 나의 사회생활이 변화하였습니다. 나는 보통 인터넷으로 이야기하고 그것이 매우 유용하다고 느낍니다. 예를 들면, 세계의 모든 사람들과 이야기를 할 수 있습니다. 어제만 해도 브라질에 있는 몇 사람과 이야기를 했습니다. 저녁에 집에 있을 때 인터넷을 사용하여 학교 친구들과도 연락을 하고 있습니다. 나는 숙제에 대해 묻고 학교에서 일어났던 일들에 대해 이야기를 할 수 있습니다. 과거에는 내가 전화를 이용해야만 해서 어머니는 너무 오래 통화를 하는 것 때문에 화를 내시곤 했습니다. 인터넷은 내가 그것이 없었다면 만날 수 없을 많은 친구들은 갖게 해 주었습니다. 나의 친구들은 영어를 연습하는 데 도움이 되어 좋습니다.

   High-level Answer

   I think that the internet has had a significant impact on my life in several ways. Firstly, it has made looking up information much easier. If I want to research something, it can be looked up on the internet in seconds rather than trying to find the information in a particular book or encyclopaedia. My group of friends is now much broader. It encompasses people that I would otherwise never have met. I can now chat with people on the other side of the world and keep in touch with my friends and family by e-mail.

   나는 인터넷이 다방면에서 나의 인생에 중대한 영향을 주었다고 생각합니다. 첫째, 인터넷은 정보 찾기를 훨씬 수월하게 만들었습니다. 만약 내가 무엇을 조사하고자 할 경우, 정보를 특정한 책이나 백과사전에서 찾으려고 하는 것보다 몇 초 안에 인터넷에서 찾을 수 있습니다. 친구의 범위도 이제는 훨씬 넓어졌습니다. 인터넷이 아니면 전혀 만나지도 못했을 사람들도 친구가 됩니다. 나는 지금 지구 저 편에 있는 사람들과 수다를 떨 수 있고 나의 친구들과 가족들과 이 메일로 연락할 수 있습니다.

2. How do you think the internet will change the world in the future?
인터넷이 미래의 세계를 어떻게 변화 시키리라고 생각합니까?

Model Answer

In the future I think most communication will be over the internet. Nowadays I talk with my friends more by e-mail and by chatting than I do in real life. As internet speeds get faster, video calls over the internet will replace telephones. This is because people prefer to look at who they are talking to. E-mail will replace letters in the mail as well. E-mail has so many advantages, such as the fact that it is sent and received straight away. Another advantage is that it saves paper as people do not have to write their thoughts. In addition to these, the internet will take over our entertainment. It is likely that radio and TV will, in the future, be sent over the internet. People want to be able to choose what they watch and listen to. This is possible with the internet but very difficult with the TVs we have today.

미래에 나는 대부분의 의사소통이 인터넷으로 통해 이루어지리라 생각합니다. 요즘 나는 일상생활에서 보다 전자 메일이나 채팅으로 친구들과 더 많은 이야기를 합니다. 인터넷 속도가 더욱 빨라짐에 따라 인터넷을 통한 영상 전화가 일반 전화를 대체할 것입니다. 왜냐하면 사람들은 대화하는 상대를 보는 것을 선호하기 때문입니다. 또한 전자 메일이 서신을 주고받는 것을 대체할 것입니다. 이 메일은 즉각적으로 메일을 주고받을 수 있다는 사실과 같이 많은 장점들이 있습니다. 다른 장점으로는 사람들이 자신의 생각을 적어야 할 필요가 없으므로 종이를 절약할 수 있습니다. 게다가, 인터넷은 우리의 오락거리를 책임질 것입니다. 미래에는 라디오와 텔레비전도 인터넷으로 방송될 것입니다. 사람들은 자신들이 보고 듣고 싶은 것을 선택할 수 있기를 바랍니다. 이렇게 하는 것은 오늘날 TV로는 어렵지만 인터넷으로 가능합니다.

High-level Answer

That's an interesting question. Of course the internet has already revolutionized the way we communicate and the way we research information. I think that the next change will be revolutionizing shopping. I know there are already internet shops but at the moment they have not made a significant impact against the large shopping malls but I feel that they will start to make an impact in the future. I believe that internet shopping will become more popular simply because it is a more efficient way for people to shop. A retail store cannot hold all stock lines as it isn't feasible in a small space, but an internet store based out of a warehouse can stock a multitude of items. Also shopping on the internet is more convenient and, in the future people's time will become more precious. They will surely not be interested in wasting time going to the store, finding a park and hoping to find what they are after. Internet shopping can be done from the convenience of the person's own home.

매우 흥미로운 질문입니다. 물론 인터넷은 이미 의사소통의 방식과 정보탐색의 방법에 혁신을 가져왔습니다. 나는 다음에 올 변화는 쇼핑의 혁신이라 생각합니다. 이미 인터넷 상점들이 있지만 현재는 대형 쇼핑센터에 큰 영향을 주지 않는다고 알고 있습니다, 하지만 미래에는 영향력을 행사하기 시작하리라 느낍니다. 나는 인터넷 쇼핑이 더 효율적인 방법이기 때문에 더 대중화되리라 생각합니다. 소매 상점들은 공간이 작아 모든 상품 종류를 보유할 수 없지만, 창고를 근간으로 하는 인터넷 상점들은 다수의 제품들을 보관할 수 있습니다. 또한 인터넷 쇼핑은 더욱 편리하고 미래에는 사람들의 시간이 더욱 귀해질 것입니다. 분명 그들은 가게에 가서 주차 공간을 찾고 그들이 원하는 것을 찾기를 희망하며 시간을 낭비하는 데 관심이 없어질 것입니다. 인터넷 쇼핑은 집에서 편리하게 이루어질 수 있습니다.

3. Movie, TV and record companies complain that the internet is ruining their business. How would you suggest they harness the internet to improve their business?

영화, 텔레비전 그리고 음반 회사들은 인터넷이 그들의 사업을 망친다고 불평합니다. 당신은 그들이 사업을 발전시키는데 인터넷을 어떻게 이용하라고 제안하겠습니까?

Model Answer

The thing that these companies need to learn to do is to listen to the people. These are their customers and if they are trying to stop their customers from using their product then there is a problem. It is obvious that people want the ability to download music and movies to their computer. For CDs, people don't understand why a music CD costs so much more than a blank CD. As well as this people don't want to buy a whole CD if they just want one song. It would be a good idea for music companies to make songs available to download individually. Alternatively, they could sign up musicians to a complete contract. This contract would cover selling t-shirts and concerts. So they could use the songs from the band to sell other things such as merchandise. On the other hand the future for movie companies is on the internet. People can now buy TVs and sound systems that are similar to a movie theatre. So many people would rather watch a movie at home than watch one at the cinema with lots of annoying people. To match this market, movie companies should make films available to buy over the internet when they are released. That way people can buy the films they want to see and watch them in their own home.

이와 같은 회사들이 배워야 할 점은 사람들에게 귀를 기울이는 것입니다. 이들은 그들의 고객인데, 만일 그들이 고객으로 하여금 그들의 상품을 이용하지 못하게 할 경우 문제가 생길 것입니다. 사람들이 자신의 컴퓨터에 음악과 영화를 다운로드 할 수 있기를 원하는 것은 명백한 사실입니다. CD의 경우, 사람들은 왜 음악 CD가 공 CD보다 훨씬 비싼지 이해하지 못합니다. 뿐만 아니라, 이런 사람들은 단지 한 곡을 듣기 위해 온전한 CD 한 장을 사고 싶어 하지 않습니다. 음반회사가 개별적으로 음악을 다운로드 할 수 있게 하는 것이 좋은 방법이 됩니다. 아니면 대안으로, 그들이 음악가와 완전 계약을 맺을 수도 있을 것입니다. 이 계약은 T-Shirts 판매와 콘서트를 포함합니다. 그래서 그들은 제품을 팔 때 그 밴드의 음악을 사용할 수 있습니다. 한편, 영화사들의 미래도 인터넷에 달려 있습니다. 사람들은 이제는 극장과 유사한 TV와 음향 시설을 구입할 수 있습니다. 그래서 많은 사람들은 다른 사람들에게 방해 받으면서 극장에서 영화를 보는 것보다 집에서 영화를 보고 싶어 합니다. 이런 시장을 고려해서 영화사들은 영화를 개봉할 때 인터넷을 통해 영화를 구입할 수 있도록 해야 합니다. 이렇게 하면 사람들이 보고 싶은 영화를 사서 집에서 볼 수 있습니다.

Well I think that these companies show a very poor understanding of their customers. Many people like to download the latest movies that they have just seen on the big screen. They don't want to wait several months before the DVD comes out before watching the movie again. So the movie companies shouldn't have such a lag between releasing a film in the cinema and putting it out on DVD. TV companies should observe the impact that Youtube (video websites) is having on the internet. We can see that people want to have a choice in what they watch and when they watch it, not being stuck to TV programming schedules. Thus the future for TV companies should be to make programmes available to watch on demand. For music companies, people don't want to buy a whole album and they want to have the rights to put the song on their own compilation CD. Thus the future of the industry is for individual track sales with flexibility as to where it can be burned or used.

음, 나는 이런 회사들이 그들의 고객에 관해 매우 열악한 이해를 보인다고 생각합니다. 많은 사람들이 커다란 화면에서 방금 본 최신 영화를 다운 받고 싶어 합니다. 그들은 영화를 다시 보기 위해 DVD가 출시되기 전까지 몇 달을 기다리고 싶어 하지 않습니다. 그러므로 영화사는 극장 상영과 DVD 제작 사이에 시간을 지체해서는 안 됩니다. TV회사는 유튜브(웹사이트 이름)가 인터넷에 주는 영향을 주시해야 합니다. 우리는 사람들이 TV 편성 일정에 매이지 않고, 그들이 보고 싶어하는 것과 보고 싶은 때를 선택하고 싶어 한다는 것을 알 수 있습니다. 그러므로 미래 TV 회사들은 요구에 따라 관람 할 수 있도록 프로그램을 만들어야 합니다. 음반회사의 경우, 사람들은 앨범 전부를 사려하지 않고 자신만의 편집 CD에 음악을 넣을 권리를 갖고 싶어 합니다. 그러므로 미래에 음반 산업은 CD에 곡을 굽거나 사용하는 것에 대해 융통성을 가지고 개별 곡 판매를 해야 합니다.

4. In some countries several webpages are blocked, how do you feel about internet censorship?

일부 국가에서는 여러 개의 웹사이트를 막고 있습니다. 당신은 인터넷 검열에 대해 어떻게 느낍니까?

Model Answer

I think that internet censorship is a bad thing. It is not up to the government to tell people what they can say and what they can read. Modern societies are founded on the principle of freedom of speech. I don't want to live in a place where I can't write what I think in case I get arrested. Democracy was founded on allowing people to speak what they feel. If they cannot do that then the democratic society cannot work.

나는 인터넷 검열은 나쁘다고 생각합니다. 사람들에게 무엇을 말해도 되고 무엇을 읽어도 되는지 말하는 것은 정부에게 달려 있지 않습니다. 현대사회는 언론 자유의 원칙에 기반을 두고 있습니다. 나는 체포될까 봐 내가 생각하는 바를 쓸 수 없는 곳에서 살고 싶지 않습니다. 민주주의는 사람들이 자신이 생각하는 것을 말할 수 있도록 함에 근거를 둡니다. 만일 사람들이 그렇게 할 수 없다면 민주주의 사회는 제대로 돌아갈 수 없습니다.

High-level Answer

My belief is that there should be some sort of censorship on the Internet. The internet is very lawless at the moment with all sorts of objectionable viewpoints and images being available to anybody with a computer. Just as the government controls what films people can watch and the books people can read so there should be governmental control to ensure that internet content is appropriate.

저는 인터넷 검열이 어느 정도 있어야 한다고 믿고 있습니다. 인터넷은 현재 컴퓨터를 가진 누구라도 볼 수 있는 모든 종류의 불쾌한 견해와 영상들로 매우 무법적인 상태입니다. 정부에서 사람들이 볼 수 있는 영화와 읽을 수 있는 책들을 통제하는 것과 마찬가지로 인터넷의 내용도 적절하도록 정부의 관여가 있어야 합니다.

5. What is your opinion about blogs (Internet diaries)? Is that something you would ever be interested in?

블로그(인터넷 일기)에 대한 당신의 의견은 무엇입니까? 당신이 관심을 가질 만한 부분이 있습니까?

Model Answer

Well I have always wanted to make a blog. I have very strong opinions on many topics and I would like to share my thoughts with others. It would be a good way to record the things that I have been doing. It would be fun to go back and see what my feelings were and what I was up to in the past. I find it enjoyable to read other people's blogs and comment where I can.

음, 나는 항상 블로그를 만들기를 원했습니다. 나는 여러가지 주제에 관해 확고한 의견을 갖고 있으며 다른 사람들과 나의 생각을 공유하고 싶습니다. 내가 해 오고 있는 것들을 기록해 두는 좋은 방법일 것입니다. 과거에 내가 무엇을 했고, 어떤 느낌을 가졌었는지 돌이켜 보는 것은 재미있을 것입니다. 저는 다른 사람들의 블로그를 읽고 의견을 적는 것이 즐겁습니다.

High-level Answer

I don't think I would ever write a blog in the future. A blog is very much like a diary and diaries are very personal. I do not want to share my personal events with anybody who wants to look. It is very dangerous putting that sort of information on the internet as criminals or identity thieves could find and use it. I believe people should keep their information private.

저는 미래에 블로그를 쓸 것 같지 않습니다. 블로그는 일기와 아주 비슷한데 일기는 매우 개인적인 것입니다. 저는 저의 개인 생활을 보고 싶어하는 사람들 그 누구와도 그것들을 함께 공유하고 싶지 않습니다. 인터넷에 이런 정보를 올리는 것은, 범죄자나 신원도용범들이 찾아 이용할 수 있기 때문에 매우 위험합니다. 나는 사람들이 그들의 정보를 사적으로 간직해야 한다고 믿습니다.

TEST 09

IELTS PRACTICE TEST 10

PART 1

1. What electronic device could you not live without?

당신은 어떤 전자 기기가 없이는 살 수 없습니까?

> **Model Answer**

I could not survive without my laptop computer. It is my most important possession.

저는 휴대용 컴퓨터 없이는 살 수 없습니다. 나의 가장 중요한 재산입니다.

> **High-level Answer**

I always carry my MP3 player with me. I don't think I could live without it.

저는 항상 MP3를 휴대하고 다닙니다. 그것이 없이는 살 수 없습니다.

2. When do you usually use it?

보통 언제 그것을 사용합니까?

> **Model Answer**

I use my laptop at both work and home. Sometimes it is on for over 12 hours a day.

직장과 집에서 휴대용 컴퓨터를 사용합니다. 가끔 하루에 12시간 이상 계속하기도 합니다.

> **High-level Answer**

When I'm busy doing something I put my MP3 player on. It helps me to concentrate.

무언가 하는 동안에 저는 MP3를 켜놓습니다. 그것은 내가 집중하도록 도와줍니다.

3. How often do you use it?

얼마나 자주 사용합니까?

> **Model Answer**

My laptop gets used every day. I use it during the working week and then sometimes on the weekend if my work calls.

휴대용 컴퓨터를 매일 사용합니다. 근무하는 동안에 사용하고 때로는 주말에도 일이 있으면 사용합니다.

High-level Answer

I use my MP3 on most days, especially when I am studying or taking the subway home.

저는 특히 공부할 때 혹은 전철을 타고 집에 올 때 거의 매일 MP3를 사용합니다.

4. What are its best features?

그것의 가장 큰 특징은 무엇입니까?

Model Answer

My laptop has a large memory for storing files and contact details. I keep a record of all my customers on my laptop.

제 휴대용 컴퓨터는 파일을 저장하는 큰 메모리와 연락처를 가지고 있습니다. 저는 휴대용 컴퓨터에 모든 고객의 자료를 보관합니다.

High-level Answer

I like the colour display that my MP3 has. I can look at pictures of the band or the singer while the song is playing.

MP3의 컬러 화면을 좋아합니다. 저는 노래가 나오는 동안 밴드의 사진이나 가수를 볼 수 있습니다.

5. Do you plan to replace it with a newer model soon?

당신은 그것을 조만간 더 새로운 기종으로 교체할 계획이 있습니까?

Model Answer

I don't have any intention of replacing my laptop yet. This is because it is a nuisance to move the information from my current laptop to the new one.

아직은 휴대용 컴퓨터를 교체할 생각이 없습니다. 현재의 컴퓨터에서 새 것으로 정보를 옮기는 것은 매우 귀찮기 때문입니다.

High-level Answer

I think I will get a new MP3 player later this year. New technology comes out all the time and I would like to follow the latest trend.

저는 금년 말에 새로운 MP3를 구매할 것입니다. 항상 새로운 기술이 개발되고 저는 최신 경향을 따르고 싶습니다.

T
E
S
T

1
0

Describe your favourite food.
You should say:
　　　What it is
　　　How you cook/make it
　　　Can you cook/make it by yourself
And you explain about the main ingredients.

당신이 가장 좋아하는 요리를 말하시오.
당신은 다음을 말해야 합니다.
　　　그것이 무엇인지
　　　요리 방법
　　　당신이 직접 만들 수 있는지
주재료에 대하여 설명하십시오.

Model Answer

1 Minute Notes : 5W+1H+ETC

Where	
When	When I was a child 아이였을때
Who	Learnt from my mother 어머니에게 배웠습니다.
What	Oi Kimchi 오이 김치
Why	Healthy and delicious 건강하고 맛있는
How	Wash, slice, soak in salt, leave for a few hours, add other ingredients 씻고 썰고, 소금에 절이고, 몇 시간 재어 두고, 다른 양념과 섞습니다.
Etc	Yes, I can make it myself. 네 저는 그것을 만들 줄 압니다. (ingredients) cucumber, onion, salt, carrot, chives, chili flakes (재료) 오이, 양파, 소금, 당근, 부추, 고춧가루

Of course, my favourite food is kimchi. It is the national dish of Korea. Kimchi is made of fermented vegetables. My favourite type of kimchi is Oi Kimchi. This type of kimchi is made using cucumbers. It is very healthy and delicious.

It is easy to make kimchi. First the cucumber is washed. Then we slice the cucumber lengthways but not right the way through. The reason for slicing the cucumber is that the next stage is adding salt. We need to mix the salt through the cucumber and the flavour needs to get to all parts of the cucumber. We leave the cucumber in salt for a few hours to allow the flavour to soak through. The next phase is to wash the salt off the cucumber. Once the cucumber is dry then we can add the other ingredients, which are onion, radish, chives and chili flakes.

I can make it by myself. Kimchi is a Korean traditional food. I learnt the recipe from my mother when I was a child. She learnt the recipe from her mother. Now, people can buy kimchi from the shop. I prefer to make it myself.

There are lots of different types of kimchi. The most common type is cabbage kimchi. Radish kimchi is also popular. Different parts of Korea have different types of kimchi. Near the sea, people make fish kimchi. Traditionally, people could only eat kimchi made with vegetables that were in season. Now people eat all types of kimchi all year.

물론, 내가 제일 좋아하는 음식은 김치입니다. 그 것은 한국의 전통음식입니다. 김치는 절인 야채로 만듭니다. 내가 가장 좋아하는 김치는 오이 김치입니다. 이 김치는 오이를 사용하여 만듭니다. 건강에도 좋고 맛도 있습니다.

김치를 만드는 것은 쉽습니다. 우선 오이를 씻습니다. 그런 후에 오이를 세로 방향으로 써는데 끝까지 썰지는 않습니다. 오이를 써는 이유는 다음 단계가 소금을 뿌려야 하기 때문입니다. 오이에 소금을 뿌려야지 맛이 오이 전체에 고루 스미게 됩니다. 오이를 소금에 절여 그 맛이 스밀 때까지 몇 시간 정도 둡니다. 그런 다음은 소금기를 헹궈 냅니다. 오이의 물기가 빠지게 되면 다른 양념 즉, 양파, 당근, 부추 그리고 고춧 가루를 집어넣습니다.

나는 그 김치를 만들 수 있습니다. 김치는 한국 전통 음식입니다. 내가 어렸을 적에 엄마로부터 요리법을 배웠습니다. 엄마는 그녀의 어머니로부터 요리법을 배웠습니다. 지금, 사람들은 가게에서 김치를 살 수 있습니다. 저는 제가 만든 김치를 더 좋아합니다.

다양한 종류의 김치가 있습니다. 가장 보편적인 김치는 배추김치입니다. 무김치도 인기가 있습니다. 지역에 따라서 다른 형태의 김치가 있습니다. 바다가 가까운 곳에서 사람들은 젓갈김치를 담급니다. 전통적으로 사람들은 제철 야채로 만든 김치만 먹을 수 있었습니다. 지금은 사람들은 일 년 내내 모든 종류의 김치를 먹습니다.

1 Minute Notes : 5W+1H+ETC

Where	Like to eat it at home 집에서 먹는걸 좋아함
When	When I was younger 내가 어렸을 때
Who	Taught myself from a cook book 요리책을 보고 스스로 배움
What	Curry 카레
Why	Like the feeling in my mouth and the flavours 입 속의 느낌과 향을 좋아함
How	Prepare and cook meat followed by vegetables, lastly add sauce 고기를 준비하여 익힌 후 야채를 넣고, 마지막에 소스를 첨가합니다.
Etc	Yes I can make it myself. 예, 나는 그것을 만들 줄 압니다. (ingredients) Meat, vegetables, curry sauce (재료) 고기, 야채들, 카레 소스

My favourite food would have to be curry. I love the feeling of spicy food in my mouth and I also enjoy the many different flavours that are contained within a delicious curry.

Old fashioned curries used to take a long time to cook as the chef would need to mix the right amount of spices to make the perfect flavour. This has one good aspect in that no two curries would taste alike but it is far too time consuming for modern life to spend all that time preparing dinner.

Nowadays, we can easily make curry. Firstly slice the meat thinly into small pieces and then cook until it is brown. Then add some vegetables. Once the meat is brown and the vegetables are cooked through then it is time to add the curry sauce, this can either be done by using a pre-mixed sauce or a paste that is mixed with water or milk. After adding the sauce put the curry on low heat for around 15 minutes to allow the curry sauce to soak into the meat.

I can cook it by myself because I learnt how to cook curry when I was younger from my cook book.

Usually I eat curry at least once per week. I try to mix up the ingredients, any type of meat can be used and any vegetable suitable for frying can be included. The most important ingredient is the sauce and this can vary depending on the type of spices used.

내가 가장 좋아하는 음식은 카레입니다. 나는 입 안에 매운 음식의 느낌을 좋아하고 맛있는 카레 안에 들어있는 여러 다양한 맛 역시 좋아합니다.

전통 방식의 카레는 요리사가 완벽한 맛을 내기 위해 정확한 분량의 양념을 혼합하여야 했기 때문에, 요리하는데 시간이 오래 걸렸습니다. 이렇게 하면 어떤 카레도 같은 맛이 나지 않는다는 좋은 면도 있지만 현대 생활에서 저녁을 준비하기 위해 시간을 소모하는 것은 너무도 시간낭비가 됩니다.

요즈음, 우리는 쉽게 카레를 만들 수 있습니다. 처음에 작은 조각으로 고기를 잘게 자른 다음 갈색이 될 때까지 익힙니다. 그런 후 몇 가지 채소를 집어넣습니다. 고기가 갈색이 되고 야채가 익게 되면 카레 소스를 넣을 시간인데, 소스는 미리 혼합된 소스를 써도 되고 가루를 물 혹은 우유와 섞어서 반죽해서 사용해도 됩니다. 소스를 넣은 후에 낮은 불로 15분 정도 가열하여 카레 소스가 고기에 스며들도록 합니다.

나는 젊었을 적에 요리책을 보면서 요리하는 방법을 배웠기 때문에 스스로 요리를 할 수 있습니다. 보통 일주일에 적어도 한 번 카레를 먹습니다. 나는 여러 재료들을 섞어 보기도 하는데, 어떤 종류의 고기든지 사용할 수 있고 볶을 수 있는 채소는 어떤 것이라도 넣을 수 있습니다. 가장 중요한 재료는 소스인데, 소스는 사용된 향신료의 종류에 따라 다양합니다.

1. Do you prefer to eat out or eat at home? Explain the reason why.
   당신은 외식과 집에서 식사하는 것 중 어느 것을 선호합니까? 그 이유가 무엇인지 설명하십시오.

Model Answer

My personal preference is to eat out. The main reason that I like to eat out is that I don't enjoy cooking. It takes too long to prepare the food and the heat makes me feel uncomfortable. Usually, I come home from work quite late. When this happens I prefer to get someone else to do the cooking. Since I don't particularly like cooking, I am not very good at it. In this case, it is much better for me to eat out. A professional chef can cook meals that are considerably better than mine. There is also a much greater variety when I go out for dinner. I have the choice of Thai style, Chinese style, Japanese and many others from all over the world. I couldn't have this choice if I just stayed at home. In addition it is a lot easier to organize a dinner party if we eat out. A dinner party at home is not much fun because I have to run around preparing the food and cooking it. If I go out, all I am required to do is make a phone call and then it is all organized. Much simpler!

개인적으로 저는 외식을 좋아합니다. 제가 외식을 좋아하는 주요 이유는 요리를 좋아하지 않기 때문입니다. 음식을 준비하는데 너무 오랜 시간이 걸리고 열기가 날 불편하게 합니다. 보통 저는 매우 늦은 시간에 퇴근을 합니다. 이런 경우 저는 다른 사람이 음식을 하는 것을 좋아합니다. 제가 특히 요리를 좋아하지 않아서 저는 음식을 잘하지 못합니다. 이런 경우, 외식이 저에게 훨씬 좋습니다. 전문 주방장이 요리를 하면 내가 한 음식보다 더 맛이 좋습니다. 또한 외식할 경우 다양한 선택을 할 수 있습니다. 타이 음식, 중국 음식, 일식 그리고 세계 각국의 여러가지 음식을 선택할 수 있습니다. 집에 있으면 이런 선택을 할 수 없습니다. 더구나, 외식을 할 경우 저녁 모임을 준비하기가 훨씬 용이합니다. 집에서 저녁 모임을 하면 음식을 준비하고 요리하느라 분주해서 그리 즐겁지가 않습니다. 만약 외식을 한다면, 내가 할 일은 전화 한 통이 전부이고, 그럼 준비가 다 된 것입니다. 참 간단하지요!

High-level Answer

Personally, I prefer to eat at home for the simple fact that I can prepare healthier food. Restaurant food is often delicious but not necessarily good for you, as it often contains a lot of calories. I generally find that the dishes I get when I eat out are not markedly different from what I prepare at home as well. The main difference is that I don't have to cook the restaurant food but personally I quite enjoy cooking so it is not a chore for me.

개인적으로 나는 내가 건강식을 준비할 수 있다는 간단한 사실 때문에 집에서 먹는 것을 선호합니다. 식당 음식은 보통 맛은 있지만 대개 많은 열량을 함유하므로 사람들에게 반드시 좋지는 않습니다. 또한 일반적으로 내가 외식을 할 때 먹는 음식이 내가 집에서 만드는 것과 확연하게 차이가 있지 않다고 생각합니다. 주요한 차이는 내가 그 식당 음식을 요리하지 않아도 되는 것이지만 개인적으로 나는 요리하는 것을 상당히 즐기므로 나에게는 번거로운 일이 아닙니다.

2. How have cooking methods changed in your country between the ways your parents prepared and cooked food and how you prepare and cook food?

당신의 나라에서 부모들이 음식을 준비하고 요리하는 방법과 당신이 음식을 준비하고 요리하는 방법에 어떤 변화가 있어 왔습니까?

Model Answer

There have been many changes in food preparation. Firstly, we can store food for much longer. Refrigerators were just new to my parent's generation. They had to eat fresh food only and had no way of storing food for a long period of time. On the other hand I can keep food fresh for several days in my fridge. This effects what we eat. My parents had to eat food that was in season. However, since we can store food, I can eat most types of food all year round. Microwaves have also had a big impact on food preparation. They can save a lot of time when cooking. In addition to this I can heat leftover food from the previous day and eat it the next day.

음식을 준비하는 것이 많이 바뀌었습니다. 우선, 우리는 음식을 훨씬 오래 보관할 수 있습니다. 냉장고는 우리 부모님 세대에게는 새로운 것이었습니다. 그들은 냉장하지 않은 음식만을 먹어야 했고 오랜 기간 동안 음식을 저장할 방법이 없었습니다. 이와 반대로, 우리는 냉장고에 며칠 동안 음식을 신선하게 보관할 수 있습니다. 이것은 우리가 먹는 것에 영향을 미칩니다. 우리 부모님들은 계절에 나는 음식을 먹어야 했습니다. 하지만, 음식을 보관할 수 있어서, 저는 1년 내내 대부분 음식들을 먹을 수 있습니다. 전자레인지 역시 음식을 준비하는 데 커다란 영향을 미쳤습니다. 전자레인지는 음식을 요리할 때 많은 시간을 단축합니다. 게다가, 그 전날 남은 음식도 데워서 그 다음날 먹을 수 있습니다.

High-level Answer

I can think of a few differences between the way my mother cooked and the way I prepare food now. The biggest difference is the time required for preparation. My mother spent hours preparing food, carefully mixing spices in order to get the right flavours for her recipes. All vegetables and meats had to be prepared by hand and my mother spent hours in the kitchen readying the evening meal. Nowadays food preparation is much simpler, I can buy pre-packaged foods which remove the need for the hard work. Unfortunately pre-packaged foods do not taste as good as my mother's cooking but with the pace of modern life I do not have the time to put in the work that she did.

나는 어머니가 요리해 주었던 방법과 현재 내가 음식을 요리하는 방법에 약간의 차이가 있다고 생각합니다. 가장 커다란 차이는 조리하는데 드는 시간입니다. 나의 어머니는 그녀의 요리 방법에 따라 정확한 맛을 내기 위해 재료를 신중하게 혼합하며 음식을 조리하는데 여러 시간을 보냈습니다. 모든 야채와 고기가 손으로 직접 조리되어야 해서 나의 어머니는 부엌에서 저녁을 준비하느라 여러 시간을 보냈습니다. 요즘은 음식 준비가 훨씬 간단한데 나는 어려운 작업들이 필요 없는 미리 포장된 음식을 살 수 있습니다. 불행하게도 미리 포장된 음식들은 어머니가 요리한 것만큼 맛있지는 않지만 현대 생활의 속도 때문에 그녀가 했던 것처럼 요리에 들일 시간이 없습니다.

3. What do you think of the explosion in the number of fast food outlets?
Why do you think this?

당신은 패스트푸드 상점들이 폭발적으로 증가하는 것에 어떻게 생각합니까? 왜 이렇게 된다고 생각합니까?

Model Answer

I think that fast food outlets can be useful. Many people lead very busy lifestyles these days. They don't have time to go home for lunch or spend a long time preparing food. Fast food can be bought and eaten very quickly. It helps when I am out shopping. Rather than having to go home, I can just grab something quickly for lunch or dinner and continue shopping afterwards. Fast food is also very delicious. People like to go there because they know the food is going to be tasty. I can't make food that tastes like that when I am cooking at home.

저는 패스트푸드점이 유용하다고 생각합니다. 요즈음 많은 사람들은 매우 바쁜 생활을 합니다. 그들은 점심을 먹기 위해 집으로 갈 시간이 없거나 음식을 준비하느라 오랜 시간을 사용할 수 없습니다. 패스트푸드는 사서 재빨리 먹을 수 있습니다. 쇼핑을 하러 외출할 때 도움이 됩니다. 점심이나 저녁을 위해 집에 가는 대신 재빨리 음식을 사서 먹은 후에 계속해서 쇼핑을 할 수 있습니다. 패스트푸드는 또한 매우 맛있습니다. 사람들은 음식이 맛있다는 것을 알기 때문에 그곳에 가기를 좋아합니다. 내가 집에서 요리를 할 때 그와 같은 맛을 낼 수가 없습니다.

High-level Answer

My personal belief is that fast food outlets are a negative influence on communities. I believe this because fast foods are, without exception, cheap and fattening. The problem with fast food being cheap is that fast food outlets shut out the competition who can't afford to match their prices. Traditional family restaurants and stalls that are unable to compete with the invasion of fast food will end up closing. This takes away the character of the neighbourhood and, if left unchecked, will result in a collection of faceless, identical neighbourhoods. Fast foods are also incredibly fattening. In order for the food to remain fresh it is usually loaded with salts acting as preservatives. They also will buy the cheapest meat, which means that they buy meat containing considerable levels of fat. This combination of fat and salt will increase the cholesterol and fat levels of anyone who eats it regularly.

개인적으로 나는 패스트푸드점들이 사회에 부정적인 영향을 끼친다고 믿습니다. 내가 그렇게 믿는 이유는 패스트푸드가 예외없이 값이 싸고 기름지기 때문입니다. 패스트푸드가 값이 싼 문제로 인해 패스트푸드점들은 가격을 맞출 수 없는 경쟁자들을 문 닫게 합니다. 패스트푸드의 침투에 경쟁할 수 없는 기존의 가족식 식당과 가게들은 결국 문을 닫게 됩니다. 이것은 지역 특색을 빼앗아 가고 만일 그대로 둔다면 정체불명의 획일적인 지역을 만드는 결과를 초래할 것입니다. 패스트푸드는 또한 상당히 기름집니다. 음식을 신선하게 유지하기 위해 보통 방부제 역할을 하는 소금을 많이 넣습니다. 그들은 또한 가장 싼 고기를 구매하는데 이는 상당 수준의 지방을 포함한 고기의 구입을 의미합니다. 이러한 지방과 소금의 결합은 그것을 정기적으로 먹는 사람들의 콜레스테롤과 지방 수치를 증가시킵니다.

4. Why do you think people choose to eat fast food?

사람들이 패스트푸드를 선택하는 이유가 무엇이라고 생각합니까?

Model Answer

My opinion is that people like two things about fast food. Firstly they like the taste and secondly they like it that they can get fast food quickly. Many people start to eat fast food when they are children. They become used to the taste of hamburgers and pizza. If people didn't like the taste of the food they wouldn't keep going back there. Some of the things in fast food, especially the sauces, are particularly tasty. The second thing I mentioned was the convenience. People like being able to go to a fast food restaurant and eat in less than half an hour. It saves them a lot of time in their busy lives. Many university students have to get their lunch in between their study time. This is only possible if they can go and get some fast food. Likewise, when people are out late and feeling hungry then fast food is ideal.

사람들이 패스트푸드를 좋아하는 두 가지 이유가 있다고 생각합니다. 첫 번째, 사람들은 그 맛을 좋아하고 두 번째, 빨리 패스트푸드를 먹을 수 있어서 좋아합니다. 많은 사람들이 어렸을 때 패스트푸드를 먹기 시작합니다. 그들은 햄버거와 피자 맛에 익숙해집니다. 만일 사람들이 그 음식 맛을 좋아하지 않는다면, 그들은 그곳에 다시 가지 않을 것입니다. 패스트푸드에 몇 가지, 특히 소스가 굉장히 맛있습니다. 제가 두 번째로 말한 것은 편리함입니다. 사람들이 패스트푸드 식당에 가면 30분 안에 먹을 수 있어서 좋아합니다. 그것은 바쁜 삶에서 많은 시간을 절약해 줍니다. 많은 대학생들은 공부 시간 사이에 점심을 먹어야 합니다. 가서 패스트푸드를 먹는 것만이 가능합니다. 마찬가지로, 늦게까지 밖에 있는데 배가 고플 때, 패스트푸드가 최선입니다.

High-level Answer

There are many reasons why people choose to eat fast food. One I would bring attention to is the convenience of fast food. These days, people don't have a lot of time available for cooking or preparing food and so they choose to take the easy option and grab some fast food on the way home. Usually people don't have the chance to return home at lunchtime either and so when they are out it is often easier to just go to the local fast food outlet rather than packing their own lunch. Another reason I can think of is that people are familiar with the brand and the food. Whenever you visit a particular outlet the food will always be the same, so customers don't have to worry about whether they will like the food or be able to find something nice on the menu because they already know what is available and what it is likely to taste like.

사람들이 패스트푸드를 선택하는 많은 이유들이 있습니다. 내가 주목할 한 가지는 패스트푸드의 편리성입니다. 요즘, 사람들은 음식을 준비하고 요리하는 데 필요한 많은 시간을 갖고 있지 않으므로 그들은 쉬운 방법을 선택하여 집으로 오는 길에 패스트푸드를 삽니다. 보통의 경우 사람들은 점심시간에 집으로 돌아 올 시간이 없어서, 외출할 때 점심을 싸는 것보다는 근처 패스트푸드점에 가는 것이 더 수월합니다. 내가 생각할 수 있는 다른 이유는 사람들이 상표와 음식에 익숙하기 때문입니다. 특정한 상점을 가게 될 때마다 음식은 항상 같은 맛이므로 고객들은 그 음식이 맛 있을지 염려할 필요가 없고 이미 어떤 음식을 선택할 수 있고 그 맛이 어떤지에 대해 알고 있기 때문에 메뉴에서 맛있는 음식을 찾을 수 있습니다.

TEST 10

5. What can be done to limit the negative impacts of fast food?

패스트푸드의 부정적인 영향을 줄이기 위해 할 수 있는 것은 무엇입니까?

Well, the negative impacts of fast food are that it can be fattening if people eat too much of it. So people should be encouraged to eat fast food in moderation. The best way to do this is to educate people on their diet. If people eat a lot of fast food then they should be taught that they need to do exercise to burn the excess calories. Fast food outlets should be encouraged to put healthy options on their menu. If people have the choice of eating something healthy then they can be responsible for their own health. Certainly, as I am aware of health issues related to fast food, I would choose healthy options when I could.

음, 패스트푸드의 부정적인 영향은 너무 많이 먹게 되면 뚱뚱해 질 수 있다는 것입니다. 그래서 사람들은 패스트푸드를 적당히 먹어야 됩니다. 이렇게 하기에 가장 좋은 방법은 사람들에게 음식에 대해 교육하는 것입니다. 만일 사람들이 패스트푸드를 너무 많이 먹게 된다면 초과된 칼로리를 소모하기 위해서 운동을 해야 할 필요가 있음을 교육해야 합니다. 패스트푸드점들은 메뉴에 건강에 좋은 음식을 넣도록 장려되어야 합니다. 만일 사람들이 건강에 좋은 음식을 선택할 수 있다면 그들은 건강에 책임을 질 수 있습니다. 물론, 나는 패스트푸드에 관련된 건강 문제들을 인식하고 있기 때문에, 가능하면 건강에 좋은 것을 선택할 것입니다.

Well, my view is that people should be educated about the dangers of fatty food and consuming excess salt. Once people are aware of the risks that are involved then there are two options that the fast food companies can pursue. Firstly, they can decide to fight and put out information of their own but this involves huge risks as some negative aspects of their food can be made public knowledge. The other option is that they can expand their menu to include healthy options. It took education to decrease the influence that smoking had on society, my belief is that the same thing will change attitudes towards fast food.

음, 나는 사람들이 고지방 음식과 지나친 염분 섭취가 갖는 위험에 대해 교육을 받아야 한다고 생각합니다. 사람들이 그와 관련된 위험에 대해 알게 된다면 패스트푸드 회사가 할 수 있는 두 가지 선택이 있습니다. 첫 번째, 그들은 그 문제에 관해 격론을 벌이며 자신들의 정보를 보여주겠다고 결정할 수 있지만 이것은 그들의 음식에 부정적인 면이 공공연하게 될 경우에는 막대한 위험을 감수하게 됩니다. 다른 방법으로 그들은 건강에 좋은 음식을 선택할 수 있도록 메뉴를 다양화할 수 있습니다. 사회적으로 흡연의 세력을 약화하기 위해 교육을 했듯이 나는 동일한 방법으로 패스트푸드에 대한 인식을 변화시키리라 생각합니다.